《养生太极功》编审委员会主要成员合影

左起

前排：苏钊富、高嵩、高福琴、陈艳华、陈定萍、余作富、
李生羽、黄婧佚、赵军丽

后排：张爱农、王鹏飞、向正新、周国涛、向爱东、周保英

陈定萍为荆门市文化和旅游局党组书记、局长

余作富为荆门市文化和旅游局党组成员、副局长

陈艳华为荆门市东宝区文化和旅游局党组书记、局长

高嵩为荆门市东宝区文化和旅游局党组成员、文联主席

高福琴、李生羽为荆门市文化和旅游局科长

苏钊富为荆门市东宝区文化和旅游局调研员，周国涛、张爱农为该局股长，黄婧佚、王鹏飞为该局工作人员

向爱东、周保英、赵军丽分别为荆门市东宝区太极拳（健身气功）协会会长、常务副会长和秘书长

《养生太极功》编审委员会部分成员合影

左起

前排：赵斌、毛华、高嵩、苏钊富、陈保国、贾佑龙、尹文

后排：周保英、向爱东、王万松、向正新、胡正忠、胡国栋、蔡绍文、赵军丽

毛华为荆门市宣传部原常务副部长

贾佑龙为荆门市太极拳协会副会长

尹文为荆门市屈家岭太极拳协会会长

蔡绍文为荆门市掇刀区太极拳协会原会长

陈保国为荆门市康复医院副院长、副主任医师

赵斌为荆门市东宝区太极拳（健身气功）协会副会长

王万松、胡国栋、胡正忠为荆门市东宝区龙泉太极文化论坛副主席

本书作者与附录作者合影

左一　《养生太极功在防治脊椎相关性疾病中的作用》作者陈本国

左二　《练好太极功是打好太极拳的关键》作者王万松

右二　《养生太极功对提升太极拳功效的意义》作者李强

右一　《来自养生太极功习练者的感言》作者周保英

东宝区太极拳（健身气功）协会龙泉总站拳友演示马步桩功

上海宝信软件太极拳协会拳友演示展臂后瞧

荆门市屈家岭管理区太极拳协会拳友演示弓步桩功

荆门市掇刀区太极拳协会拳友演示环肩绕膀

东宝区老年大学太极拳班拳友演示展臂后瞧

东宝区太极拳（健身气功）协会廉政广场站拳友演示抱头侧压

东宝区太极拳（健身气功）协会龙泉一站拳友演示举臂仰头

东宝区太极拳（健身气功）协会龙泉二站拳友演示展臂后瞧

东宝区太极拳（健身气功）协会龙泉四站拳友演示独立桩功

东宝区太极拳（健身气功）协会竹皮河、银河广场两站拳友合练仆步桩功

东宝区太极拳（健身气功）协会龙泉总站拳友演示仆步桩功

73岁高龄、2年拳龄的刘家升演示弓步桩功

养生太极功

向正新　编著
荆门市东宝区文化和旅游局　审定

人民体育出版社

图书在版编目（CIP）数据

养生太极功 / 向正新编著. -- 北京 : 人民体育出版社, 2024（2025.5重印）
ISBN 978-7-5009-6431-5

Ⅰ. ①养… Ⅱ. ①向… Ⅲ. ①太极拳—养生(中医) Ⅳ. ①G852.11②R212

中国国家版本馆CIP数据核字(2024)第035762号

养生太极功

向正新　编著
出版发行：人民体育出版社
印　　装：北京中科印刷有限公司

开　本：880×1230　32开本　　印　张：5.125　　字　数：142千字
版　次：2024年5月第1版　　印　次：2025年5月第2次印刷
书　号：ISBN 978-7-5009-6431-5
印　数：4,001—5,500册
定　价：36.00元

购买本社图书，如遇有缺损页可与发行与市场营销部联系
联系电话：（010）67151482
社　　址：北京市东城区体育馆路8号（100061）
网　　址：www.psphpress.com

养生太极功编审委员会

名誉主任

陈定萍　余作富

主　　任

陈艳华

执行主任

向正新

副 主 任

高　嵩　高福琴　刘鉴霆　刘　雷

李生羽

顾　　问

尹新阶　龚生雄　毛　华　张四海

彭金泰　郑　伟　宋金波

委　员

苏钊富	周国涛	张爱农	李严智
黄婧佚	王洪波	王鹏飞	宋大饰
贾佑龙	刘　鹏	向爱东	周保英
赵军丽	田华英	赵　斌	任国华
王万松	胡国栋	陈本国	李　强
尹　文	肖少华	蔡绍文	常继香
向　萍	张　冬	严耀良	胡正忠
李怀玉	邓卫平	陈　梅	马　琳
王小青	吴炎姣	向妮君	谭小琴
曾潇潇	王　丰	李　红	唐中高
刘庭贵			

序言一

“打拳不练功，到老一场空”，这句历经数百年传承的拳谚，是武术界的普遍共识。太极拳隶属武术范畴，古时以技击为要，亦具健身之效；中华人民共和国成立后，党和国家对太极拳运动极为重视并大力推动，加之全民健身活动的持续深入，其健身养生的功能愈发凸显，进而出现了以技击为目的的传承人群体、以竞技为目标的运动员群体，以及以健身养生为宗旨的社会群体。以技击和竞技为目标的两个群体，相对较小众，多为年轻人，竞争关键在于基本功，故而他们将重心置于反复操练枯燥乏味的功法之上，且为之付出了诸多的时间、心血与汗水。而以健身养生为宗旨的社会群体，即普通大众，多为中老年人，他们的时间和体力都较为有限，难以全然照搬专业性的功法练习，所以多数存在只练套路而不练功的情况。面对此种现状，如何正确处置练拳与练功的关系，探寻适合社会群体的练功途径与方法，成为一个需要解决的问题，因为这关乎太极拳技术的传承走向、运动者与团队的技艺水准，以及全民健身方针的有效落实。

向正新老先生是我结识的一位活跃于社会太极拳一线的老师，他钻研、传授太极拳已多年，始终在思索普通太极拳爱好者该怎样提升技术与功力。早在十多年前，他就开始进行功法研究与套路创编，最终成功创作出养生太极功。向老的创编过程极为严谨，他广泛收集、整理并吸纳了众多古代导引功经典、中医康复经典及临床疗法、专业武术功法中适宜的内容，还虚心向专家、传人请教，在团队中反复试验，多次进行修改。在此期间，他数次邀我一同探讨、研究，对套路进行完善，对文稿进行修改。我能参与其中，深感荣幸，亦感触颇深。

我觉得，这套功法的设计科学合理，其内容、时长、方式等，都极其适合社会大众群体，无论年龄大小、流派如何、场所在哪。它既是太极基本功，又是习拳热身功、导引养生功、疗疾康复功。它在一定程度上丰富了太极拳功理功法，有利于提升广大太极拳爱好者的技艺，推动太极拳运动的深入开展。这是全民健身活动中政府主管部门支持、业务部门指导、一线参与者践行所取得的令人欣喜的成果。

一个好的功法若想获得进一步推广，需要有一套完备的教程；而一套好的教程能否顺利抵达广大爱好者手中，还需借助一个具影响力的平台。在此，感激人民体育出版社的大力支持，在2019年出版向老的《108式养生太极拳标准教程》之后，又再度出版向老的《养生太极功》。借此契机，我将这套功法和这本教程竭力推荐给广大太极拳习练者，愿它能伴随各位拳友，成为大家交流习练体会的“知音”，健康快乐的“指导”。

赵　勇

2024年4月

注：赵勇，湖北省武术协会第七届秘书长，湖北省武术和冬季运动管理中心武术队主教练。

序言二

近年来，荆门市东宝区一直致力于贯彻落实全民健身国家战略，为全民健身提供了良好的发展环境，“中国滑翔胜地”“湖北羽毛球之乡”“荆楚太极草根赛”“荆楚太极达人秀”等运动品牌影响力越来越大。尤其是在太极拳运动方面，东宝区厚植发展沃土，聚集有识之士，广纳百家之长，强化推广措施，深耕研究园地，催生科研成果，使太极拳运动在全区得到了广泛深入的开展，先后在国家、省、市级的一系列赛事上斩获了一批奖牌，晋升武术段位的拳手不断涌现。当前，太极站点在全区各乡镇、各街道社区全覆盖，在基层诞生了“龙泉太极文化论坛”，发表了有价值的论文一百多篇，大批太极拳社会体育指导员活跃在东宝大地，太极拳运动队伍已成为全区全民健身运动群体中最为庞大的队伍之一。

多年以来，以东宝区太极拳（健身气功）协会总教练、龙泉太极文化论坛负责人向正新同志为代表的太极人，在市、区两级体育主管部门的鼓励和支持下，孜孜不倦地潜心研究、探索、实践，先后创编了108式养生太极拳和养生太极功两个套路，并且编著了《108式养生太极拳标准教程》和《养生太极功》两套教程。这一拳一功不仅在全市、全区得到普及和推广，而且被推广和传播到北京市朝阳区、上海市宝山区和静安区等地方，并由此产生了多地间活跃的太极拳交流和研讨。《108式养生太极拳标准教程》已于2019年由人民体育出版社出版，今天，它的姊妹篇《养生太极功》，再次由人民体育出版社出版，这是东宝区全民健身领域百花齐放结出的又一硕果，在东宝区体育发展史上具有重要意义。

养生太极功吸取了古代导引术、中医推拿术和太极拳术的精华，是一套集热身、疗疾、健身、养生于一体的好功法，动作简单易学，不限场地，老少皆宜，不同武术流派皆宜，不同健身项目爱好者皆宜，更适宜于长期伏案工作的群体。在此，我衷心地希望养生太极功不仅在荆门市东宝区得到推广和普及，而且在全国各地得到传播和推广，造福广大健身爱好者，为全民健身事业作出新的贡献！

陈艳华

2023年1月

注：陈艳华，湖北省荆门市东宝区文化和旅游局（体育局）党组书记、局长，湖北省航空运动协会副会长，荆门市东宝区体育总会会长。

前 言

“打拳不练功，到老一场空”，这句拳谚在太极拳界流传了数百年。我们在强调太极功法的重要性时，大都要引用这句话。然而什么是太极功？怎么去练习太极功？这在以健身养生为宗旨的人群中恐怕是一个既难以回答清楚，又不知如何践行的问题。我深深感到，在全民健身活动惠及全民、太极拳运动风靡全球的今天，这又是最实际、最基础且必须回答和解决的问题。为此，我进行了近二十年的探索，在认真吸取传统文化精髓的基础上，创编了本套功法并编辑成本书《养生太极功》，奉献给广大太极拳友和健身爱好者。希望通过此书的讲授，回答什么是太极功法，也让读者明白如何练习太极功法。

养生太极功在我的拳友圈中，包括湖北荆门、上海静安、上海宝山和北京朝阳等地的一些太极拳站点已经推行十余年，得到了众多太极拳友和健身爱好者的关注和喜欢。一直以来，荆门市东宝区文旅局把这一功法作为东宝体育品牌加以打造，并于 2000 年组建了由体育主管部门领导及工作人员、市区太极拳协会负责人、龙泉太极文化论坛负责人、知名社会体育指导员及中医康复专家组成的编审委员会，对养生太极功套路及书稿进行认真严格的研讨、审核和测试，形成了最终这个版本。这套功法的发源与发展，绝非我个人的功劳，而是集体智慧的结晶，是政府部门推动全民健身活动的产物。

本套功法仅12 个式子，动作简单且效果明显。然而简单的动作里却蕴含着丰富而深邃的理论和文化内涵，可谓“套路至简，内含大道”。本书拟力求说清楚这八个字，便安排了理法篇、套路篇和体会篇，以供爱好者学研，以求专家们指教。

向正新

2023年10月15日

目 录

理法篇

套路篇

体会篇

理法篇

第一章　养生太极功的概念、构成和特点

第一节　养生太极功的概念

养生太极功是以阴阳学说、太极拳说、导引学说、经络学说和筋膜学说为指导，以健身养生为宗旨，运用心法，导引肢体，训练提高太极拳技艺的功法。下面分四个层面展开说明。

一、养生太极功是一种“功夫”

所谓功夫，是指人们从事某一活动所具备的基本技能。说到功夫，人们往往联想到电影小说中的武侠英雄，他们可以飞檐走壁、上天入地、隔空打人，可谓是天下无敌，但这不过是一种迷信和错觉。实际上，功夫存在于现实生活和大众之中，不光在武术界，各行各业都需要，也都涌现出了众多功夫之人。功夫不是先天获得的，而是通过后天学习训练得来的。功夫的学习，需要接受师父、老师的指导，弄懂基本的理论和方法，但这远远不够，还须自己反复练习，做到先心知，再身知；必须经历一个将“铁杵磨成针”的枯燥、艰苦和漫长的过程。功夫是一个结果，这种结果只有那些坚韧不拔、坚持不懈习练的人方能收获。

二、养生太极功属于太极拳的范畴

养生太极功是太极拳的基本技能和基础功夫，即太极基本功，简称“太极功”。太极拳是一个大的范畴，包括基本功、套路、推手和实战。由于基本功在太极拳中具有重要的地位和相对的独立性，太极先师往往把它单独提出来，与太极拳中的其他内容相区分和比较，为了阐述方便，也往往简称为“功”与“拳”。如拳谚“打拳不练功，到老一场空”，这里的“功”即太极基本功，这里的“拳”即不包含基本功的太极拳。那么，如何理解功与拳之间的关系呢？首先，功是拳的基础，拳是功的体表。就像一棵树，功是树根，拳是干、枝、叶。其次，功以静为主，静中寓动，是静态的拳势；拳以动为主，动中寓静，是动态的功法。这好比图像一样，功是图片，拳是影像。再次，功是针对某一部位和某一侧面进行静定、重复地练习，拳是调动手、眼、身、步进行全方位持续不断地练习。最后，功是因，拳是果。只有坚持练功，才能功夫上身，提升身体的力量性、柔韧性、协调性和稳定性，展现太极拳的技艺，打出太极拳的韵味。

显然，其他非太极拳的功法就不属于太极功的范畴。在后面的阐述中将涉及太极功的特点和练法，这些与气功有许多相通之处，如两者都重视心静体松，调心调气，实现内外兼修，都具有健身养生的功效，但两者分属不同的范畴，有很多不同之处。首先，动作来源不同。太极功的动作来源于太极拳套路，主要是步型、步法，而气功的所有动作与太极拳无关。其次，习练对象有异。太极功主要服务于太极拳练习者，气功则不然。再次，功效要求有别。太极功要求用意调气培养内劲，在健身养生的同时增强太极拳技艺，而气功则专为健身养生，并无培养内劲、增强太极拳技艺的要求。

三、养生太极功是用来“养生”的

太极拳源于武术，其技击、竞技功能与生俱来，历史上不少太极拳高手享誉神州、威震四方，如杨式太极拳创始人杨露禅曾在京城技压群芳，人称“杨无敌”。但随着社会的发展，冷兵器时代的结束，太极拳的技击功能日益衰减，而其健身养生功能日益显现和推进。中华人民共和国成立后，随着党和国家对太极拳的重视和推广，出现了社会性健身养生和专业性竞技比赛两大新的发展趋势。养生太极拳、竞技太极拳和技击太极拳作为“一母所生”的“同胞兄弟”已经分家并将长期共存，三者之间虽有相通之理法，但其指导思想、理法内容、训练方法相差甚远，服务对象也完全不一，这是不争的事实。本套功法以健身养生为宗旨，面向社会群体而非专业人员，虽属太极功的范畴，但具有自身的鲜明特点，为突出这一特点，在太极功之前冠以“养生”二字。与此同时，因其同源一体，养生太极功也可作为技击、竞技功法的初级功法加以练习。

四、养生太极功的理论基础深厚而丰富

养生太极功根植于中国传统文化，以阴阳学说、太极拳说、导引学说和经络学说为指导，与此同时，还融合了筋膜学说，从而实现功法与医学融合、中医与西医互补、古代与现代交汇，使理论更为丰富、方法更为明确、大道更易理解、实践更便操作。

第二节　养生太极功的构成

养生太极功包含功架和心法两大部分。

一、关于功架

功架是指施功时肢体活动的方式方法，包含导引功、桩功、腰腿功三大部分。其特点是显于外、展于身、看得见、摸得着。

（1）导引功是指针对肢体特定部位的肌筋膜进行屈伸牵引，以刺激相应经络、穴位，调理相应部位、养护身体的功法，包括臂颈导引、胸肩导引、腰胯导引、足膝导引四个部分。

（2）桩功是按照太极拳中的马步、弓步、仆步、独立步四种步型要求，有如木桩一样进行静定锻炼的功法，分别称为马步桩功、弓步桩功、仆步桩功和独立桩功。

（3）腰腿功是指采取举控、蹬踹、弹踢、扫摆等方式，锻炼腰腿柔韧性和力量性的功法，包括举控腿功、蹬踹腿功、拍脚腿功和扫摆腿功四个部分。

二、关于心法

心法是指施功时内心活动的方式方法，包括入静法、放松法、运气法和用意法。其特点是隐于内、藏于心、看不见、摸不着。

（1）入静法，即调节大脑，使之身宁心静的方法。

（2）放松法，即调节身心，使其始终处于掤松状态的方法。

（3）运气法，即调节呼吸，调动内气的方法。

（4）用意法，即运用意念，主导心法、调节功架的方法。

三、关于功架与心法的关系

功架与心法为一体两面。功架在外为阳，心法在内为阴；功架为心法之兵，心法为功架之帅；功架为心法之体，心法为功架之魂。无论是导引功、桩功，还是腰腿功，都要贯彻心法。功架离开了心法，犹如无魂之体，养生与太极的属性和功效就随之消失。这一点非常重要，我们在学习和练习本套功法时，千万不要只练功架，不练心法。倘若离开了心法练习，只是比划动作，就谈不上练功，不过是在做操而已。

第三节　养生太极功的特点

一、传统性

本套功法取材于古代导引术、中医推拿术和太极拳术，具体包括：中医典籍和医师临床治疗颈、肩、腰、膝疼痛的众多处方中适合自我锻炼的部分，《导引图》等导引古籍中的个别动作，以及太极拳各流派中流行的和曾乃梁大师推荐的练功动作。上述功法虽然散见于各行各派，但都源远流长，行之有效，体现了古人的聪明才智和传统文化的博大精深。

二、创新性

本套功法是在继承传统基础上的创新，体现在“三新”。

（1）新在推出了一个套路。在太极拳的发展史上，太极拳套路形成比较早，如陈式老架一路为陈王廷创编，距今已有四百多年。但太极功法只有散式动作，并无规范套路。中华人民共和国成立以来，中国武术协会先后组织专家、学者和传人创编了太极拳的系列套路，但并未编撰太极功法套路。本功法作为套路推出，是在太极基本功法理论研究和实践操作上的一次有意义的尝试。

一个新套路的形成和成熟，绝不是随意挑选几个动作简单连接起来的事，而是一个系统工程，包括创编的宗旨、基本的法理、动作的选编、时长的安排、动作的组合、音乐的配置、路径的表述、要点的提示、图示的制作、信息的搜集、数据的整理等。本功法创编于2006年，先后在湖北、上海和北京的部分太极拳站点推行，并广泛听取了拳友们的意见和建议，几经修改，方才形成现在的版本。为编写教程，市、区主管部门还专门组建编审委员会，进行套路的完善、教程的编审和科学的论证。

（2）新在把导引功纳入太极功之中。本套功法把中医临床的按摩推拿方法提炼组编成四式十六动的导引功，与桩功、腰腿功融为一体，做到了练功与养护、补益、祛病相结合，大大增强了全套功法的养生功效。

（3）新在把功架与心法训练有机结合起来。技击、竞技类的功法训练追求的是极限，大都以增强硬功夫为宗旨，着眼于训练肢体的力量性、稳定性和柔韧性，进行多重复、长时间、高强度甚至对抗性的训练，对训练者的体力、耐力的要求非常高，仅适合小众群体。健身养生类的功法训练从形式上看，其功架训练与上述确有相似之处，但内涵并不一样，它追求的是平和，不仅训练时间要适中、强度要适度，而且着重内功的修炼。本套功法在心法理论上作了系统的提炼，并贯穿于套路之中，从而把心法运用与功架训练有机结合，既练外又练内，既健身又健心，既修身又养性，既长功夫又品文化，大幅提升了本套功法的文化内涵。

三、系统性

（1）本套功法按照从上到下的顺序，即由头颈、胸肩、上肢、腰胯到腿膝、足下，逐一进行靶向施功，使身体得到全方位锻炼。

（2）本套功法功架与心法相结合，引体与导气相贯穿，实现了内外合练，身心兼修。

（3）本套功法包括4引（导引）、4桩（桩功）、4腿（腰腿）共12式，循序渐进，互为补充，涵盖了太极功的方方面面，形成了一个完整的体系。

（4）与太极拳套路配套，构成太极拳习练的完整课程。太极拳爱好者如若每天打拳前先练此套路，可起到热身和长功的作用；如长期坚持，可集练功、练拳于一身，集筑基、健身、养生和疗疾于一体，起到1加1大于2的功效。

四、适宜性

（1）全套动作编排合理，简单易学；活动半径小，对场地要求不高，室内室外皆宜。

（2）本套功法适宜于广大健身爱好者，无论体质强弱，男女老少。本套功法尤其适宜如下群体：一是太极拳友，不分流派和拳技生熟；二是平时事务繁忙、伏案工作、用电子产品过度、缺乏锻炼、有肩颈腰膝处毛病的群体。

（3）习练人员既可打完全套，也可选练其中的某一部分。如受场地、时间限制的人群，可选择导引功练习。又如太极拳友，可选择桩功单独加长时间进行练习。

总之，本功法可作为健身养生的“运动处方”，伴随爱好者终身。

第二章　养生太极功的理法依据

第一节　以阴阳学说为指导思想

阴阳学说即太极学说，是古人认识宇宙万物的世界观和方法论，属于哲学的范畴。“太极”一词，始见于《易经》。宋代学者周敦颐在《太极图说》开篇云：“无极而太极。太极动而生阳，动极而静，静而生阴，静极复动，一动一静，互为其根，分阴分阳，两仪立焉。”此可用来解释万事万物，所谓“一阴一阳之谓道”也。

中医认为，人体的不同部位、脏腑、经络，都可分阴阳。如体表为阳，体内为阴；气为阳，血为阴；背为阳，腹为阴；六腑为阳，五脏为阴；四肢外侧为阳，内侧为阴等。人的机体在不断运行中保持阴阳平衡，使身体健康，如若失去平衡，病症由此而生。此可用来解释人的生命，所谓“一阴一阳之谓医”也。

在武术和太极拳运动中，无不包含动与静、开与合、虚与实、柔与刚、快与慢、进与退、起与落、升与降，以及攻与守之间的共存、消长和转化，所有这些，都可归纳于一阴一阳。太极拳的以静制动、以慢制快、以气运身、借力打力等，都是习练者对阴阳辩证关系的精准把握。由此可用来解释武术太极拳运动，所谓“一阴一阳之谓拳”也。

上述阴阳学说之道、医、拳，完美、深刻地解释了本功法，成为本功法的指导思想。其中道用于解释功理，医用于解释功效，拳用于解释功法。下面以阴阳学说来阐明本功法中的几个重要关系。

一、功与拳，阴阳相合

如前所述，功为阴，拳为阳。拳谚讲“打拳不练功，到老一场空”，这既说明了功法对拳艺的重要性，也说明了两者密不可分的关系。《太极拳论》在讲到“双重”之病时强调，“欲避此病，须知阴阳”“阴不离阳，阳不离阴，阴阳相济，方为懂劲”。这说明功与拳虽分阴阳，但不是此消彼长，而是相辅相成，互为依托，互为因果，乃至合二为一。

二、动与静，阴阳转化

动中寓静，是杨澄甫先师所著《太极拳术十要》中的十要之一，是太极拳高超精妙、区别于其他健身项目之处，但在行拳过程中，在肢体动作不断的情况下，做到心静体松十分困难，非一般功夫所能及。本功法的指导原则是，先让肢体静定下来，通过用意，静心松身，长期训练，形成自觉和惯性，即静功上身；再让肢体动起来，即可达到“动中寓静”。这说明动与静，不是固定不变，而是互相蕴含，乃至互相转化的。

三、上与下，阴阳相辅

拳架可分为上盘与下盘。上盘为阳，下盘为阴。一个人功夫的高低，显现在上盘，但根基在下盘。若分比重，七分在下盘，三分在上盘。按理，无论授课还是习练，都应把主要精力放在下盘的训练上。然而现实普遍是，老师、学生都在上盘上花去了七成的功夫，下盘仅有三成，由此出现不少徒有外形而无内功的“花拳绣腿”之人。显然，这里的“上”与“下”失去了平衡。本套功法反其道而行之，减少或固定上盘动作，将下肢按步型要求专门进行静态训练（桩功）和动态训练（腰腿功），在“七成功夫”上下功夫。由此，筑牢太极根基，实现以下辅上、以功辅拳，从整体上提高太极拳技艺。

四、补与泻，阴阳相成

人的健康体现在阴平阳秘上，但由于人们在生产生活中的过载负荷与不良的生活习惯，导致人体阴阳失衡。中医用药疗或理疗医治，都要辨明原由，因病施药，把握分寸，或补或泻。同样，功法的施用也同理同法。比如导引功，就是对颈、肩、腰、膝等部位进行有针对性的切入、拉伸等，让堵塞的筋膜、经络通道打开，让粘连的肌筋松开，此称之为泻；通过功法的训练，强壮相关部位乃至周身的肌筋和脏腑，此称之为补。如此泻补相成，达到祛疼痛、强肌筋、活气血之功效。

第二节　以导引学说为养生原理

所谓导引，即导气引体，是一种以保养精气神为目的，动静结合，身心兼修，具有自主性、整体性的养生练习方法。数千年来，导引功法在我国代代相传，生生不息，并呈三大特点。一是“导引之士、养形之人”层出不穷。据传，导引鼻祖为先秦的彭祖，他活了几百岁，还有人们熟悉的大家，如东汉的华佗、唐代的孙思邈、清代的乾隆皇帝，都是正宗的导引大师和长寿之人。

二是导引的招式和套路层出不穷。如东汉的“五禽戏”、宋代的“八段锦”、明代的“易筋经”。三是导引专著层出不穷。如《黄帝内经》《诸病源候论》《千金方》《养性延命录》《古今医鉴》等。这些专著，不仅收集整理了大量的导引功法，而且建立和完善了导引理论体系。

本功法的导引功便是从这些古籍中筛选和整理的，是原汁原味的导引之术；而桩功和腰腿功虽然是太极拳中的单式动作，但也是按照导引理论编排和施行的。其要点如下。

一、引体令柔

导引是以肢体动作为前提和基础的。正如华佗所言：“动摇则谷气得消，血脉流通，病不得生，譬犹户枢不朽是也。”由此看来，佛家的打坐修禅、道家的内丹养生等纯静态功法，与导引虽有相通之处，但有明显区别。

二、导气令和

肢体动作与呼吸配合，是导引的重要特色。庄子云：“吹呴呼吸，吐故纳新，熊经鸟伸，为寿而已矣。”这既描述了导引的方式方法，又点明了“为寿”的宗旨。而导气既是区别于一般健身操类的标志，也是延年益寿的要诀。

三、贯意令随

所谓“贯意”，即将意念贯注于某一部位或某一方面；所谓“令”，即调控导引；“随”则包括三方面的含义：一是通过贯意，使肢体随之活动，即意领肢体随；二是通过贯意，调节呼吸，使之细、匀、深、长，所谓意领外气随；三是通过贯意，使内气在体内流动，行于大、小周天，乃至遍及周身，所谓意领内气随。庄子云：“真人之息以踵，众人之息以喉。”这里的息，实际上是指经过导引修炼而成的内气。而内气以踵之人，则是内气通达四梢、遍及全身的导引高人。

四、辨证令治

所谓辨证即辨析，所谓令治即以导引达到调养治疗之功效。各种运动项目大体分为三类：一是动而无静，如竞赛；二是静而无动，如打坐；三是动静结合，如导引。古人认为，“动以养形，静以养神，动静结合，形神共养”，当我们有意养生或因疾求治时，选择导引功法应该是明智和正确之举。清代医家沈嘉澍在《养病庸言》中强调：“导引之功，百倍于医药，不可不知，不可不上紧学。”

第三节　以太极拳说为技术架构

以《太极拳论》为代表的系列经典构成了太极拳说。这一学说，是太极拳先师和传人实践经验的总结，内容十分丰富，涵盖了功法、拳架、推手、散打和实战等不同环节，适宜技击、竞技、健身、养生等不同侧面。太极拳说对拳的论述十分充分，然而对功的论述却略显不足。虽然如此，太极拳说仍然对本功法套路的编排、法则的制定及要点的提炼，起到了直接的理论指导和技术支撑作用。

一、功架为体

功架是对习练者手眼身步四方面的规范要求，是功法的基础、架构和本体。包括虚领顶劲、两眼平视、沉肩垂肘、含胸拔背、收腹敛臀、直腿稍屈、尾闾中正等身法上的要求；掌、拳、勾等手型规范及舒指坐腕等手法要求；弓、马、仆、虚、独立等步型规范及进、退、顾、盼、定等步法要求。正如王宗岳《太极拳论》所述，要“立身中正”“立如平准，活似车轮”。功架规范突出体现为“外三合”，包括肩与胯合、肘与膝合、手与脚合。

二、意气为魂

如前所述，意气主导是整套功法的核心、精髓，是区别于一般健身活动的标志，是养生功效的关键环节。武禹襄先师在《十三式行功要解》中云：“以心行气，务令沉着，乃能收敛入骨，所谓‘命意源头在腰隙’也。”“立身中正安舒，支撑八面，行气如九曲珠，无微不至，所谓‘气遍身躯不稍滞’也。”“心为令，气为旗，神为主帅，腰为驱使，所谓‘意气君来骨肉臣’也。”另一篇《十三势说略》在列举了一连串动作要点后强调，“凡此皆是意，不在外面”。这些精辟论述，就是点明和强调意气在太极功与太极拳中的主宰作用。我们在体验本功法时，要在规范功架的基础上，着重意气的练习，做到心与意合，意与气合，气与力合，此为“内三合”。

三、松静为魄

太极拳先师十分重视心静与体松，并有十分精辟的论述。

《太极拳解》云："身虽动，心贵静，气须敛，神宜舒。""一动无有不动，一静无有不静，视动犹静，视静犹动，内固精神，外示安逸。"《十三势歌》又云："静中触动动犹静。"《太极拳论》提出了衡量是否放松的标准："一羽不能加，蝇虫不能落。"杨澄甫先师十分重视放松，不仅在其著作中强调"两臂骨节均须松开"，把"松腰"作为十要之一，而且在授课时反复强调。据众多弟子回忆，大师在教拳时话说得不多，但一个松字一天要讲无数遍。为什么？因为一个松字，既重要又难做。他的得意门生郑曼青大师深有感触地说："我练了五十多年，才真正体会到了松的内涵及重要性，体会到师父的良苦用心。"由以上论述可以得出结论：松静靠意气调节而来，功架靠松静和顺而立；意气为魂，松静为魄，松静与意气相辅相成，构成心法系统，形成功架内涵。

四、内劲为用

所谓内劲，是经过长期训练，去掉身上的自然之力，再塑后天的松柔之劲。所谓用，即运用、应用和结果。杨澄甫先师在《太极拳术十要》中强调，行拳要"用意不用力"。不用力即柔软，极柔软然后极坚刚，这就是"绵里藏针"之内劲。《太极拳论》言："察四两拨千斤之句，显非力胜，观耄耋御众之形，快何能为？"这点明了内劲用于实战的威力和特色。该论还点明内劲形成的阶段，即"由着熟而渐悟懂劲，由懂劲而阶及神明"，并强调"非用功之久，不能豁然贯通焉"。我们理当遵先师教导，在"用功"上下功夫，千万不能指望有捷径可行，不能满足于花拳绣腿的漂亮功架。这里还须强调的是，所谓用，现在是用于健身养生，正如《十三势行功歌》云："详推用意终何在，益寿延年不老春。"

第四节　以经络学说为施法准则

中医认为，经络是气血运行的路线，它分布全身，外起皮肤，内达脏腑，就像摩天大楼中布满的电线，一旦电路出现故障，大楼就会陷入黑暗之中。人体的“电线”须保持畅通，“通则不痛，痛则不通”。经络的状况如何，是“人之所以生，病之所以成，人之所以治，病之所以起”的根本，起着“决生死，处百病”的作用。完好的经络不仅是为人体输送能量的通道，而且是人体抗御病邪、保护健康的“防火墙”。本功法就是以经络学说为施法准则的。我们规范施功，就可以有效地打通经络，刺激穴位，激发经气，调和气血，既疗已病，更防病袭。本功法的施功法则体现在循经导络、把经控络、舒经活络三个方面。

一、循经导络

所谓循经导络，就是按照经络的走向施功。一是按经络走向屈伸肢体。人体共有12条分布左右的经脉，都是由体表进入体内，与脏腑相连。按照这一走向，本功法的肢体动作，由上到下，由手到足，由前至后，顺序屈伸，每一式、每一动都有具体的切入点、运行线和通达处，都对应了数条经络，具体的对应关系将在具体招式中加以说明。二是按经络走向贯意行气。人体有分布前后的任、督二脉，二脉相连，称为“小周天”。施功时，动作与呼吸配合，用意关注并指挥腹部参与呼吸，吸时气充胸腔，腹部收缩；呼时气出体外，腹部前突。随着长期的习练，体内将逐渐产生内气，气行任督二脉即气行小周天。屈伸肢体是练外，贯意行气是练内，无论内外，都要“走在经络之道”上，只有内外结合才能使功效达到极致，但不可急于求成。初学者须自然呼吸，规范动作，待经长期训练、动作娴熟之后，再用意引气，内气将自然而生，内外将自然相合。

二、把经控络

所谓把经控络，是在循经导络的基础上，把握施功法则和调控施功技巧。中医的针灸按摩只需简单工具甚至无需工具，但操作非常讲究，不同的人操作效果也大相径庭，其原因就在能否把经控络上。以针灸为例，须扎准穴位、振颤银针、用时达标，方才有效。与此相通，本功法确定了三条把控法则。一是靶向要准确。所谓靶向，是指施功的切入点，肢体屈伸于何部位？贯意于何路径？运劲于何穴位？靶向准确是取得功效的前提。二是强度要适中。每一个动作和意向，都要在施点准确的基础上，施加一定的强度，做到无过不及，良性刺激，过则易受伤，不及则无效。三是时间要保障。只有时间得到保障，才能使良性刺激得到足够的传导和感应，使功效落到实处。在全套习练中，每个点的刺激不少于10秒钟，一个部位的刺激不少于1分钟。如若疗疾，针对某一部位的刺激则须更长的时间。

三、舒筋活络

所谓舒筋活络，是指施功的目标和效果。判断施功的效果，最为简单、方便、有效的方法是施功人自身的感觉。一般说来，有四种感觉。一是拉伸感。此为外感，每一动相应部位都要有明显的拉伸感。二是气行感。此为内感，施功后，往往出现手脚发麻，微热，似有蚁行等。这种感觉时有时无，似有似无，先有后无，先无后有，不一而足，因人而异。三是消痛感。即施功后，原来某部位的疼痛感减轻甚或消失，最为明显的是颈、肩、腰、膝等部位。四是舒适感。施功后，骨节松开，筋膜拉长，头脑空灵，内外通透，周身舒服，经久绵绵。

第五节　以筋膜学说为实证支撑

关于筋膜的定义古已有之。《易筋经》曰：“筋，人身之经络也。骨节之外，肌肉之内，四肢百骸，无处非筋，无经非络，联络周身，通行血脉，而为精神之外辅。”但古往今来，无论武术大家还是专家学者，都把关注点放在拳架（主要是骨骼、肌肉）及心法（主要是意气）的练习上，而对筋膜的认识较为肤浅，应用也很少，更未形成系统的理论。

随着医学的发展，诞生了筋膜学这一新的学说。筋膜学告诉我们，筋膜就是结缔组织，包括固有结缔组织和特殊结缔组织。固有结缔组织包含疏松结缔组织、致密结缔组织、脂肪组织、网状组织；特殊结缔组织包括骨组织、软骨组织、血液和淋巴组织等。人体中筋膜无处不在，是一个独立的系统。从细胞层面上来说，筋膜内有细胞，外有细胞间质，包括：成纤维细胞、脂肪细胞、间充质干细胞，以及包含巨噬细胞、肥大细胞和淋巴细胞等在内的游走性细胞。另外由细胞分泌出来的分布在细胞外面，负责联络细胞与细胞的大分子，主要成分是胶原、氨基聚糖、蛋白聚糖和弹性蛋白，这些大分子支持并且连接组织结构，给组织器官乃至整个机体提供力学支持，调节细胞的生理活动。筋膜里面的很多细胞是未分化的干细胞，给成体细胞提供支持与储备，在机体的调控下分化成各种功能细胞，维持人体的整体结构与功能的稳定和持续。

筋膜学是在解剖学的基础上新发展而来的一门学科，属于西方医学的范畴，已广泛应用于医疗、竞技、健身和养生实践，但涉足中国传统文化项目很少。我们在编创本功法的过程中，惊喜地发现崔黎明教授等有识之士开始运用筋膜学说诠释太极拳原理，为发展丰富太极拳理论作出了贡献。受此启发，我们也在实证支撑上进行了尝试，使本功法的编排理念、要点依据、理论构架和教材层次得到进一步的明确、丰富和提升。

一、拉伸与筋膜功效

如前所述，人体器官由功能细胞组成，而功能细胞源于筋膜中的干细胞分化；功能细胞经历短暂的生命周期便死亡，筋膜则不间断地及时予以补充。医学研究表明，对筋膜进行检查、评估和干预，可以优化动态储备，提升筋膜再生速度，提前发现人体疾病，既可治病，又可防病。我们认为，养生太极功基于筋膜学理论，可以对筋膜进行自我干预，其方法就是对筋膜进行规范、全面、深入和适度的拉伸。具体体现在四个方面：一是从上至下，从颈、臂、胸、肩、腰、胯、膝、踝逐一进行拧转和拉伸；二是选择疲劳、损伤的部位，进行逆向拉伸，如颈脖后部肌筋因低头用手机造成疲劳或损伤，我们设计为反向的颈脖后抗等；三是保证拉伸的强度和持续的时间，如展臂后瞧，臂要后展至尽头，头要后拧至尽头，同时每一动作的拉伸都不少于2个8拍；四是遵循筋膜的结构特点规划拉伸路线，如足膝导引中，考虑到膝盖的筋膜张力特点，设计了屈伸和深蹲，避开了膝盖的旋转动作，保证了筋膜锻炼的有效性和安全性。

从一定意义上讲，本功法就是一套科学、完整的拉伸功、易筋功。通过习练可带来如下好处。一是调整或恢复筋膜的弹性，疏通与肌肉、骨骼的连接通道，消除粘连造成的疼痛。在施功实践中，愈是疼痛的部位，拉伸的功效愈发明显。二是激活筋膜的基本活性，调节细胞的新陈代谢，清除损伤和老化的组织细胞，改善细胞的生存内环境。对中老年而言，可大大延缓筋膜关节的退化进程。三是在拉伸筋膜的过程中，自然形成了上顶下沉、左右对拉、上虚下实、骨立肉垂等多种掤态；在固化这种掤态的同时，加强松功训练，可形成太极拳特有的刚柔相济、绵里藏针的内劲和超凡脱俗、仙风道骨的神韵。

二、静定与筋膜记忆

如前所述，我们在太极拳的教学实践中，学生存在“心知身不知”的现象。如何由心知至身知，慢练和静定是最好的办法。本功法就是按照这一思路编排而成的，全套动作除腿功外都是静定2个8拍以上（桩功为4个8拍）。那么，为什么要静定和慢练呢？筋膜学对此做了最令人信服的诠释。常识告诉我们，人有视、听、嗅、味、触五感；而筋膜学告诉我们，人还有第六感觉器，即筋膜系统。筋膜中存在着大量的神经末梢和本体感受器，是一个相对独立的感觉系统，它具备如下功能：一是接受并感知内部的变化和外来的刺激，感受身体运动、位置的变化；二是将信息传递到神经系统，并接收传回的指令；三是按照指令调整全身筋膜的张拉结构，调动骨骼及肌肉的运动，实现肢体在虚、实变化中的动态平衡。但筋膜位置及结构的特殊性，决定了筋膜记忆存在感知的模糊性、传递的缓慢性、调整的后延性，只有通过慢练和静练，方可唤醒和优化筋膜意识，使筋膜感知清晰化，意识连通自动化，动作细节规范化，搭建起心知至筋知、筋知至身知的“桥梁”。

三、劲力与筋膜网络

解剖学告诉我们，人体有639块肌肉、206块骨头；一般人以为，人的力量源于肌肉和骨骼的运作，其实不全然如此，若单凭肌骨，人体将会是“一盘散沙”。筋膜学告诉我们，人体的“干线筋膜”系统，由前表线、后表线、横表线及螺旋线构成，将肌肉和骨骼连接一体，支撑着人体的架构，保障了人体运动的整体性、稳定性和协调性。《解剖列车》一书为我们描述了筋膜在劲力传递过程中的路线图，即从脚趾沿脚底部、下肢的后部和躯干的背部一直到头顶，为一条力量传递的“轨道”，而沿途所经历的各个关节便是“站点”。这一理念，正好印证了太极拳先师相关太极拳劲力的论述。古文《研手法》云：“勿使有凸凹处，勿使有断续处。其根在脚，发于腿，主宰于腰，形于手指，由脚而腿而腰，总须完整一气，向前退后，乃得机得势。有不得机得势处，身便散乱，其病必于腰腿求之。”综合古今论述可得出三点结论：一是筋膜网络使人体形成整体劲力；二是劲力的传递由脚及手节节贯串；三是运劲须着眼腰腿，以腰带肢。为此，本套功法把下盘的训练作为主体和重点。全套共12式32动，除臂颈导引和胸肩导引2式8动外，其余10式24动皆为以下盘为主的动作练习。需要强调的是，本功法虽然把重点放在了下盘，但由于筋膜网络的整体性，习练者锻炼的是全身功夫，养护的是周身内外。

四、内气与筋膜呼吸

按照传统理念，练功时，意气为“君”，骨肉为“臣”。这说明运气对于提升功夫的重要性。气又分为内气与外气。对于以人的呼吸器官为载体的外气当然容易理解和操作，但内气只是先人的一种经验，只是习练者的一种感觉，一直以来只能口传身授，无法从理论上加以解释。然而当我们接触到筋膜学后，似乎也找到了令人信服的答案。在人体筋膜组织中，有一种疏松结缔组织，又称为支线筋膜。它含有较多的基质和液体，包括结缔组织细胞以及胶原蛋白和弹性蛋白，这些成分交织在一起，形成柔软松散的网状结构。这一结构不仅在腹腔中填充器官的间隙，起到保护内脏的作用，而且负责对压力、触碰、运动和温度进行感知。我们所讲的腹式呼吸，准确地讲就是筋膜呼吸，即支线筋膜随胸腹呼吸进行舒张和收缩，胸腹腔中的脏腑又随筋膜得到按摩；此时筋膜中的本体感受器和神经末梢接收到了运动带来的信息，形成“气感”，包括温差感、位移感、酸胀感、酥麻感、愉悦感等，这些信息沿筋膜或骨缝散发到四梢，同时反馈至大脑。这或许就是“内气”的本质，或者说筋膜就是“内气”运行的通道。这一结论有待科学的进一步论证，但本功法将这一理念运用到练功心法之中，取得了明显的效果。

第三章　养生太极功心法总述

第一节　入静法

一、入静的含义

所谓入静，特指通过对大脑和神经系统的调节，使思想和情绪平稳安宁。入静既非清醒态，也非睡眠态，而是一种虚空态，也叫作静功态，此时心跳减缓，脑细胞消耗减少，心脑得到充分的休息与养护。

静是相对于动而言的。从本质上讲，人体生命活动的每一瞬间都是在运动中不断变化着。入静是通过内向性的意识运用，把没有秩序的、散乱的意念活动变成有规律的、单一的意念活动。

入静是一种功法。是经过长期修炼而形成的一种潜意识，是后天再造的一种习惯和潜能。

二、入静的层次

（一）平静

平静就是让大脑的各种思绪停下来，消除杂念，专心去想、去做一件事。其心态和神态犹如风平浪静的湖水。

（二）清静

清静即让大脑在专心的基础上更为宁静，宁静至目空无人，对人来人往、车水马龙无感；宁静似独处深山老林中，万籁俱静；宁静如湖水平静后，泥沙下沉，清澈见底。

（三）虚静

虚静指此时大脑似想非想，不仅心无杂念，连一念也已消失。大脑虚空，动作自动，忘我忘物，忘形忘拳，如清风化云，游走太空。

三、入静的方法

（一）深息法

深息法是指练功一旦开始，便按照预备势要求站立，深吸深呼，并且关注一呼一吸，放慢节奏，扩大胸腔，增加气量，随之将呼吸放轻放细放匀放长，进入功态。

（二）守一法

守一法即用意将杂念转移到练功上来，专注身体的一个部位，或套路的一个式子、一个要点等，做到以一念止万念，以守一入静态，如意守丹田。

（三）默念法

默念法指与呼吸配合，不断重复默念口令，用口令引导入静。如吸气时，默念“静”字，以念静导静；呼气时，默念“松”字，以念松导静。

第二节　放松法

一、放松的含义

松与静是相辅相成、互为因果的。大脑及神经好比一根弦，绷得太紧，就会失去弹性，甚至断裂。放松神经，放慢心跳，放飞心情，放眼美景，就会安逸宁静下来。

松是相对于紧而言的，松与紧是一个动态变化的过程。一般来说，练功和练拳的过程就是一个不断放松的过程。

松不是懈怠疲软，是在保持掤劲基础上的松。在放松的同时，须立身中正、虚领顶劲，把精神提起来；放松的极致是生成外柔内刚的内劲，就像轮胎充气一样，气不能少，也不得过，须弹而不扁。保持弹性为松，压而不扁为掤。

放松是长期修炼的结果，具有稳定态，形成潜意识，贯穿于整个练功练拳的全过程，并融入日常生活工作中。

二、放松的层次

（一）松动

松动是放松的初级阶段。人的身心一旦放松，各个部位必有微动，或肩胯松沉，或左右松开，或四肢松展，或关节松活。

（二）松透

松透是放松的中级阶段。此时此刻，各部位深度松开，直至骨肉似分，筋骨似离，关节似开，肌肤似脱，四肢似拆，百骸似散，周身通透，知觉虚空。

（三）松实

松实是放松的高级阶段。这一阶段，随着意气主导、内气涌动，原有的空荡之感消失，随之肌筋骨一体，网络张开，气遍周身，力达四梢，内固精神，外示安逸。

三、放松的方法

（一）指令法

指令法是指按照预备式的要求，全身静定。随之用口令引导，或由老师发出指令，或自己吟诵口令。口令要简单，按一定顺序，缓慢进行。如由上到下，按头、颈、肩、肘、腕、手、胸、腹、腰、胯、膝、踝、脚的顺序逐一放松。

（二）比拟法

比拟法是指意想一种日常熟悉的场景或形态，促进身体自然放松。如把身型比喻为挂衣，头如衣架上提，身如衣服下垂。

（三）对照法

对照法即先紧后松，前后对照。通过对照，找到松的感觉并保持下来。如将肩抬至最高处，然后吐气放下来，完全不用力，凭重力下垂。

（四）加深法

加深法即在已放松的基础上，再度放松。找到深度放松的感觉并保持下来。如在松肩的基础上，将两臂向上匀缓抬起，随之全松放下，自由落臂，让臂像挂钟摆锤一样来回摆动。同法，将一腿垫高并支撑，另一只腿在松胯的基础上，向上匀缓抬起，随之全松放下，自由落腿，让腿像挂钟摆锤一样来回摆动。

第三节　运气法

一、气的含义

一般说来，气是指气体、空气、气息、气象等；也可以指人的作风习气、精神状态等，如官气、勇气等，不一而足。然而这些并非本功法所指之气，本功法是指以下“三气”。

（一）哲学之气

老子云：“道生一，一生二，二生三，三生万物。万物负阴而抱阳，冲气以为和。”周敦颐指出，太极分阴分阳，“二气交感，化生万物，万物生生而变化无穷焉”。这里的“气”，是一种抽象事物，不是具体的物质。“形而上者为之炁（气），形而下者为之器”。炁为万物之本原，器则为具体的物质。

（二）中医之气

气是中医学说的重要组成部分。这里是指人体之气。庄子云：“人之生，气之聚也，聚则为生，散则为死。”这段话可以让我们从总体上认识医气的定义及作用。俗话说：“人活一口气，树活一张皮。”此之气，一般人理解为人的尊严，但细究起来，此气为人的生命基础。关于中医之气，《黄帝内经》中有详细的阐述，这里作一简述。①关于气的来源。有先天之精，为父母禀赋，收藏于肾脏；有水谷之气，为人之所食，运化于脾胃；有呼吸之气，为人之所纳，运化于心肺。②关于气的分类。按阴阳分，有阴气和阳气；按来源分，有先天气和后天气。③关于气的分布。按通道分，布于五脏、六腑、经络、骨骼、肌肉、皮毛；按表里分，有营气、卫气；按上下分，有上焦（肺气）、中焦（胃气）、下焦（肾气）。④关于气的运动（气机）。有升、降、出、入四种形态。⑤关于气的生化（气化）。包括气血的滋养、废物废气的排泄等。

（三）太极之气

太极之气特指两类，一是外气，即体外之空气；二是内气，即体内生化之气。太极经典所述“以意运气，以气运身”“虚领顶劲，气沉丹田”“气遍身躯不稍滞”“气宜鼓荡，神宜内敛”等，都是指的内气，而非外气。

二、运气的含义

运气包含两方面的内容，一是调节外气的呼吸，以提高呼吸容量和质量；二是调动和把控内气的运行，以增强内劲和精神。

外气与内气是相互联系的，不得割裂开来。练功不是单练外气或是单练内气；而是从练外气入手，在练习中逐渐感知并调控内气。

从外气的调节到内气的产生再到习练者的感知和调控，是一个漫长的过程。在此之中，既要坚持不懈、规范习练，又要认真体悟、身心交流。每一个习练者都要有充分的心理准备。

三、运气的层次

（一）调节外气

将平常呼吸状态娴熟地调整为与练功行拳相适宜、相协调的呼吸状态，表现为细、匀、深、长，不努气、不憋气。

（二）感知内气

经过较长时期的运气练习，感知身体出现变化，如手脚发热、发麻、发胀等，体内有气窜行、周身膨胀等。这一阶段，气呈发散型，习练者可感知但不可控。

（三）调控内气

一是引导内气的行走路线，如气沉丹田、气行周天（小周天或大周天）、气达四梢、气遍周身。二是引导内气与动作结合，如气与动势合、气与定势合、气与劲力合。这一阶段，气呈聚合型，习练者可用意调控内气的运行。

四、运气的方法

（一）自然呼吸法

所谓自然呼吸法，是先天形成的一种本能的呼吸法，它包括三个要素：一是采用胸式呼吸，二是采用日常生活状态时的频率，三是不加意念支配。练功中虽然未加意念支配，但是经过一段时间的练习，也会出现不调息而息自调的现象，逐渐形成一种细、匀、深、长的功态呼吸，这仍然属于自然呼吸的范畴。初学者应采用此法，先把重心放在熟悉套路上。如果过分注意对呼吸的各种要求，执意调整，反而会顾此失彼，成为精神上的负担，出现不应有的紧张，以致努气、憋气甚至伤气。

（二）腹式呼吸法

所谓腹式呼吸法，就是腹部参与、与胸部配合进行呼吸的方法。

腹式呼吸又分为顺腹式呼吸和逆腹式呼吸。

（1）顺腹式呼吸。其特点是腹部与胸部同步开合。吸气时，胸腹两腔一并鼓起，横膈肌下降；呼气时，胸腹两腔一并内凹，横膈肌还原。

（2）逆腹式呼吸。其特点是腹部与胸部反向开合。吸气时，胸腔打开，小腹内凹，横膈肌下降；呼气时，胸腔内凹，小腹隆起，横膈还原。

（三）提肛呼吸法

把提肛动作和呼吸配合起来的练习方法，称为提肛呼吸法。提肛呼吸指在吸气时有意识地收提肛门及会阴部肌肉，呼气时则放松肛门及会阴部肌肉。

（四）引体呼吸法

把动作与呼吸配合起来练习的方法，称为引体呼吸法。

（1）以手听气法。两手贴腹，似贴非贴，以手感知腹部的蠕动和气息的流动。本功起势采用此法。

（2）以臂导气法。吸气时，两臂朝两侧打开，掌心朝后；朝上举起，掌心转朝上；举至头侧，掌心朝内。呼气时，两臂屈肘，两手合至胸前，掌心朝下；下按到腹前。本功收势采用此法。

（五）以乐引气法

为套路配上音乐和口令，按节奏完成动作，规定每个动作2个或4个8拍，每8拍或4拍完成一吸一呼。

（六）慢吸快呼法

也称鼻吸口呼法。每息循环，以节拍计：以鼻吸气，占时3拍；以口呼气，占时1拍。本功提肩垂胛和颠足顿踵均采用此法。

第四节　用意法

一、用意的含义

用意是心法的核心和主导。前面所述的入静、放松、运气都离不开用意。

用意是功架的灵魂和内涵。如果没有用意，即便肢体动作规范，也只能说是在做操。

用意是太极特有的一种心法。谁都会用意识支配行动，这是生理学的基本常识，但这并不是本功法所指的用意。用意是经过长期练习而形成的一种自觉能动的方式方法。用意与现代心理学中的心理暗示、心理疏导有相通之处。

二、用意的层次

（一）意形合一

意形合一是用意的初级阶段，也是必经之路。初学者都想把动作做对做好，对老师所讲所示和自己所听所看的规范要求，心里大都明白，大脑也发出了相应指令，但身体并不听使唤，总是身手别扭，着法出错，我们把这种状态叫着“心知身不知”。然而经过一段时间的反复练习，身体逐渐感知和记住大脑指令，身心连接开始顺畅并且快捷。我们若心想安静，则一念止于万念；若有意放松，则一令松遍全身；掤、捋、挤、按随意而为，采、挒、肘、靠随心而动，进、退、顾、盼听命而行。我们把这种状态叫“心知身动，意形合一”。

（二）意气合一

意气合一是用意的中级阶段，也是提升功力的关键点和里程碑。习练者在第一阶段基础上加强练习，开始感知内气，意与气的信息得以连通；再经过若干年的深度练习，用意可以调动内气。此时，若意定丹田，则气驻丹田；若意落四梢，则气达手脚；若意想经络，则气行周天；若意散四周，则气遍全身。我们称此为“意到气到，意气合一”。

（三）意境合一

意境合一是用意的高级阶段，也是功力的巅峰或金字塔尖。

虽如此，但并非高不可攀。此时，意念与形与气的传递已经天衣无缝，形成下意识和条件反射，用意即随意，用意即轻意，甚或用意即无意。虽意已虚空，但外形越来越自如，内劲越来越充足，精气显现出一种神态和神气。这种忘我的境界，我们称为“意虚神现，意境合一”。

三、用意的方法

（一）意动法

意动法即意想动作的行进路线及转换方式、手眼身步的规范要求及重点要点等，这是达到意形合一的基本途径。具体方法因人而异，主要有“四想”：①想路径，记名称，熟悉套路；②想攻防，拟对练，诠释动作；③想要点，记重点，规范动作；④想细节，明转换，优化动作。

（二）意守法

意守法即用意念守住身体的某一部位。为了规范动作，我们需要找出动作别扭、转换不顺的部位，用意关注，予以调整。以手型为例，如若习惯性屈指或叉指（兰花指），靠老师指导、拳友帮助已难改正，而意守手指并坚持一段时间，则十分有效。到了运气的阶段，意守更多的是丹田了。意守上丹田，有利于聚神静心；意守下丹田，有利于气往下沉。意守时，意不可过重，也不可不及；不可死守，也不可飘忽。

（三）意导法

意导法即以意导气。当我们深度呼吸外气时，意想并牵引内气，吸气时与外气同道经喉入腹，呼气时内外分道，外气呼出至体外，内气下沉于丹田，经过一段时间的用意，感知气行如温水流入，这是以外气激活内气的方法。当我们感知内气充满时，意念在前牵引，内气在后随行，由下丹田出发，沿督脉（后背）上行，再经头部连接任脉，沿任脉下行返回至丹田，古人称此路线为小周天。这就是以意引导内气运行的方法。此法有一定难度，尤其是沿督脉上行时，须通三关（尾闾、夹脊、玉枕）。习练者不必刻意追求气行周天，用意将气收敛、催动或引动即可。只要我们不断体悟和把握用意规律，坚持长时间、不间断地练习，有朝一日，在不经意中就气通“三关”，气行周天，功到自然成。

（四）意象法

意象法即想象万事万物，如日月星辰、山川湖海，又如行云流水、花草树木。意象法使自己既有愉悦感、兴奋感，又具恬淡感、虚无感。太极拳的许多式子的名称为象形取意，我们则可意想其情景，引动其动作。如108式养生太极拳中的“撇身锤”又名“大象甩鼻”，则可意想大象从树上取食的形态。

（五）内视法

内视法即想象走进自己体内，倾听自己的心跳，巡视自己的脏腑，漫步自己的经络，航行自己的红河（中医所说之气血），自己与自己交心谈心，感知自己生理的完美和架构的协调，为自己加油。

套路篇

养生太极功包含导引功、桩功和腰腿功三部分，全部动作共12式（不含起势、收势）。为适应不同习练者的需求，本功法编排有标准版、压缩版和简化版，三个版本的起势和收势相同。标准版和压缩版均为12式，动作相同，仅用时有别，标准版用时24分钟左右，压缩版用时18分钟左右。简化版为5式动作，用时12分钟左右。本篇第一章对标准版进行详细讲解，分图视文展述、要点提示、功效介绍三个版块展开。第二章对简化版进行图视文展述。第三章列出三个版本的动作名称、节拍及全套视频演示。

由于心法已在理法篇做了总述，本篇侧重讲述功架。建议初学者先粗览理法、细学功架，待着熟后再细学心法、细调功架，进而把心法贯穿于功架之中。

第一章　养生太极功（标准版）

起势（4×8拍）

并步直立，两脚平行。两臂下垂，两腋虚开。面部自然，目视前方。（图1）

重心移至右腿，左脚提起，向左开步，落至与肩同宽处；重心移至两腿中间。两手腹前叠合（男士左内右外，女士右内左外），贴于丹田，掌心朝内。（图2、图3）

起势

图1

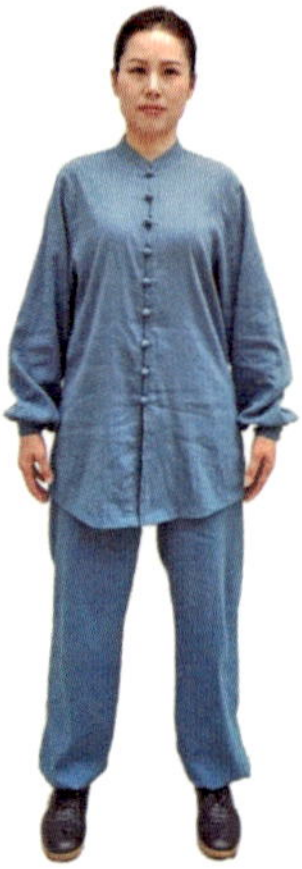

图2

图3

【要点提示】

（1）摆正身架。①头部：百会穴往上虚领，两眼向前平视，下颌稍内收，嘴唇似闭非闭，舌尖轻抵上腭。②上肢：垂臂时，两臂松落，腋下留隙，两掌心朝内，中指虚贴大腿；贴腹时，两手男左内右外、女右内左外，腹前叠合。③上体：含胸拔背，收腹敛臀，中正安舒。④下肢：两腿直伸微屈，两脚平行向前，重心落于两腿中间。

（2）聚神入静。排除自身的杂念和外界的干扰，全神贯注于自己的身体。

（3）调节呼吸。放慢节奏，调节为腹式呼吸，用意将气沉入下丹田（小腹处）。

（4）放松身心。配合呼吸，用意引导，按照从上到下，即头、肩、臂（肘、腕、指）、胸、腹、胯、大腿、膝、小腿、踝、脚之顺序，逐节逐点放松。

（5）以手“听”气。即两手与腹部似贴非贴，随腹而动，用意关注两手，以手感知气息。

功效介绍

（1）通过运用心法，使心静体松，既有利于迅速进入功态，又有利于安神益智，涵养身心。

（2）通过调节呼吸，可增加膈肌的活动范围，扩大肺活量，改善心肺功能；可实现自我按摩，促进肠胃蠕动和肝胆疏通，改善肝胆及脾胃功能；可鼓荡腹部，运转丹田，降低腹压，进而降低血压。

第一节　导引功

第一式　臂颈导引

臂颈导引

第一动　抱头侧压（4×8拍）

图4

1. 左抱侧压（2×8拍）

左手体侧上举，抱住头顶及右额，五指着力，助头部向左下倾压；右手仍贴腹。目视前方。（图4）

图5

2. 右抱侧压（2×8拍）

左手收落贴腹；右手体侧上举，抱住头顶及左额，五指着力，助头部向右下倾压。目视前方。（图5）

【要点提示】

（1）手为主动，用意关注肘尖，以肘尖带动五指向外、向下伸拉。用力要轻、匀、缓。

（2）头为被动，头颈要充分放松，随手而动。

（3）头部尽量与一侧肩部靠近，另一侧的颈部肌筋要有拉伸感。

第二动　左右后瞧（4×8拍）

1. 向左后瞧（2×8拍）

两手向两侧偏后打开，与肩同高，舒指坐腕，掌心朝外，指尖朝上。头向左后旋转，目视左后方。（图6）

图6

图7

2. 向右后瞧（2×8拍）

接上动。头向右后旋转，目视右后方。（图7）

【要点提示】

（1）两臂要尽量往两侧偏后展开，直至尽头，胸部要前弓，如大雁展翅般。

（2）两手舒指坐腕，力达掌根，手臂内侧及掌根要有拉伸感。

（3）侧后瞧时，头尽量往后，直至尽头，颈部肌筋要有拧转感。眼要顺手指尖看侧后远方。

第三动　举臂仰头（2×8拍）

头部转正。两臂外旋使掌心朝上；上举至头顶，掌心相对；十指交叉，掌心朝下。目视前方。（图8、图9）

两手内旋翻掌，朝上伸展，掌心朝上。头部同时后仰，目视上方。（图10）

图8

图9

图10

【要点提示】

（1）两臂尽量上举，两胯用意下沉，肩胛要有拉伸感。

（2）仰头时，后脑勺尽量靠近大椎穴，头与手要有对抗感。

（3）下颌随仰头上抬，颈前肌筋要有拉伸感。

第四动　抱颈对抗（2×8拍）

两手外旋屈收至颈后，掌心朝前；两臂内合，朝前拉伸；上体带动脖颈往后对抗。目视前上方。（图11、图11附）

图11

图11附

【要点提示】

（1）两臂尽量内合，肘尖与颈同高，朝向前方。

（2）两臂前伸时，肘尖领劲；颈往后抗时，后脖与掌心之间有挤压感。

（3）头稍上抬后仰，以加强前后之对抗力。

臂颈导引功效介绍

（1）通过手臂的辅助，对脖颈进行侧压、拧转、拉前、抗后，使脖颈四周都得到适度适时的刺激和锻炼，对颈椎病有辅助治疗作用，对颈椎疲劳、落枕和轻度损伤有明显疗效。特别适合长时间使用手机、电脑的人群。

（2）通过与颈部运动的结合，对手臂进行侧拉、侧展、上举、前拉，有效刺激手臂上的三阴三阳经络，由表及里，通达心、肺、大小肠及三焦等脏器，起到通气血、强脏腑的作用。

（3）通过对颈部肌筋的调理，可消除粘连，疏通气血通道，改善对大脑的供血供氧。

第二式　胸肩导引

第一动　胸肩开合（4×8拍）

胸肩导引

两手松开，指尖搭肩，肘尖朝前。目视前方。（图12）

图12

图13

1. 开肩前弓（2×8拍）

两臂打开，肘尖朝侧偏后，胸部前突，呈前弓形。（图13）

2. 合肩后弓（2×8拍）

两臂前合，肘尖朝前，背部后突，呈后弓形。（图14）

图14

【要点提示】

（一）关于开肩前弓

（1）两臂打开时，肘尖保持与肩同高。

（2）两肘尖领劲，带动两臂朝两侧偏后打开。

（3）两肩朝侧后打开时，肩胛骨朝内靠拢，带动胸部前突。胸部肌筋要有拉伸感。

（二）关于合肩后弓

（1）两臂内合时，肘尖保持与肩同高。

（2）肘尖领劲，带动两臂朝内合拢。

（3）两臂朝前、朝内合拢时，大椎穴后顶，带动背部后弓。背部肌筋要有拉伸感。

第二动　环肩绕膀（4×8拍）

1. 抬起环肩（2×8拍）

接上式。肩尖肘尖同步向上、向后、向下、向前划圆，每4拍划1个圆，共划4个圆。目视前方。（图15、图16、图17、图18）

图15

图16

图17

图18

2. 沉起环肩（2×8拍）

接上动，肩尖肘尖同步向下、向后、向上、向前划圆，每4拍划1个圆，共划4个圆。目视前方。（图17、图16、图15、图18）

【要点提示】

（1）划圆的过程分四个步骤：抬肩—开肩—沉肩—合肩（沉肩—开肩—抬肩—合肩），每一步完成时要似停非停。

（2）肘尖要画大圆，肩峰同步划小圆，两个圆的半径都要尽量大。

（3）躯干与肘尖在逆向运动中保持对拉势，做到抬肩时沉身，开肩时弓胸，沉肩时伸头，合肩时弓背。

第三动　提肩垂胛（2×8拍）

两手臂朝前伸展，掌心朝上（图19）；收落至胯旁，掌心转朝内。随之，先提肩缩脖，再垂胛伸脖。一提一垂为一分动，每分动4拍（其中提肩为3拍，垂胛为1拍），共做4次。

图19

提肩缩脖： 两肩上提，脖颈内缩；两胯松沉，吸气后稍屏，呈缩头龟状。目视前方。（图20）

图20

图21

垂胛伸脖： 两手臂两肩胛急速下垂；头部上顶，脖颈伸拔。同步吐气，全身松沉，呈伸头龟状。目视前方。（图21）

【要点提示】

（1）提肩时，下颌尽量靠近锁骨，头与肩相合；下垂时，脖颈尽量伸长，头与肩对拉。

（2）肩胛提时为紧，垂时为松。要在肩胛先紧后松的对比中，找到完全放松的感觉。无论肩胛是提还是垂，手臂和身体始终保持松沉状态。

（3）呼吸时要把握方法和节奏。用鼻吸气，用时2拍；吸后稍屏，用时1拍；用口呼气，用时1拍。

（4）呼吸与肩胛提垂协调，吸气、屏气时提肩，呼时垂胛。

第四动　背手合胛（2×8拍）

两手反背，十指屈钩；胸部前弓，两胛后合；两臂上抬，脖颈前伸，下颌上抬，后脑勺靠近大椎穴。目视前上方。（图22、图22附）

图22

图22附

【要点提示】

（1）注意先合胛、直臂，再抬高手臂。

（2）抬臂要与仰头同步，后脑勺与双手要有相合之意。

（3）保持上体中正，不得弯腰前倾。

胸肩导引功效介绍

（1）通过对肩胛的开合、旋转、提垂、反抬，有效刺激肩周肌筋和神经，可消除肩关节周围韧带、关节囊的粘连、疼痛和抬肩功能障碍，对“五十肩”（即肩周炎，因大都发于50岁左右，故名）有预防、治疗和康复效果。

（2）通过对胸腔的开合及与肩关节的复合运动，对胸腔周围肌筋有良好的刺激和按摩作用，有利于疏通心肺血管，加快新陈代谢，健美塑形，保养胸腔。

（3）通过开合胸腔和腹式呼吸，可有效舒肺理气，提高心肺功能，对经呼吸道传播的病毒有很好的抵御功效。

第三式　腰胯导引

腰胯导引

第一动　弯腰侧弓（4×8拍）

头部端正。两手松开，向两侧打开，掌心朝后；随即上举至与肩同高，掌心朝上；继续上举至头顶相合，十指交叉，掌心朝下；两臂内旋翻掌，掌心朝上。（图23~图25）

图23

图24

图25

1. 弯腰左弓（2×8拍）

上体左倾，两臂随身体向左下倾压。目视前方。（图26）

图26

图27

2. 弯腰右弓（2×8拍）

上体端正后右倾，两臂随身体向右下倾压。目视前方。（图27）

【要点提示】

（1）两臂贴耳，尽量上举，并连带上体朝一侧压至尽头；另一侧的胯要保持下沉，上体、下盘要有对拔之意，腰肌要有拉伸感。

（2）侧压时，两臂与两胯要在一个平面上，不要拧腰侧压。

（3）侧压要持续静定，不要随口令点压，时紧时松。

第二动　俯身前弓（2×8拍）

图28

上体端正，两手翻掌，向下画弧，收至腹前，掌心朝下；上体前倾，两掌下按，尽量贴近地面。两眼随视两手。（图28）

【要点提示】

（1）用意引导腹股沟内收，使腹部和大腿尽量贴近。

（2）两腿要伸直，使后腿肌筋有拉伸感。

（3）两脚五趾抓地，重心稍后移，以利于身体平衡。

（4）上体前倾时，两臂要伸直；两掌下按时，手掌尽量贴近地面。

第三动　顶腰后弓（2×8拍）

上体端正后凸腹后仰。两手松开并稍上提，以虎口叉腰，大拇指顶住肾俞穴。头随身后仰，目视上方。（图29、图29附）

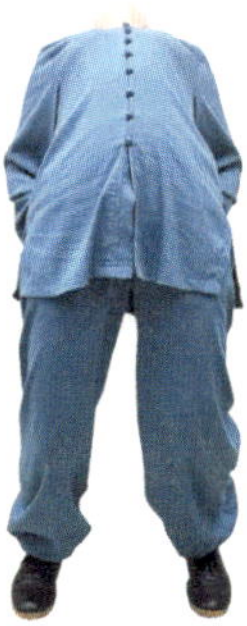

图29

图29附

【要点提示】

（1）两手叉腰时，拇指顶住肾俞穴，向内按压。

（2）两脚五趾抓地，重心稍前移，以利于身体平衡。

（3）两肩胛、两肘要有后合之意，胸、肩和颈前部肌筋要有拉伸感。

（4）上体尽量往后往下倾压，股四头肌要有收紧感，腹部肌筋要有拉伸感。

第四动　叉腰环胯（4×8拍）

上体端正，两手仍叉腰，随之展胯划圆，每4拍划1个圆。

1. 左起环胯（2×8拍）

两胯按左—后—右—前的顺序划4个圆。目视前方。（图30、图31、图31附、图32、图33）

图30

图31

图31附

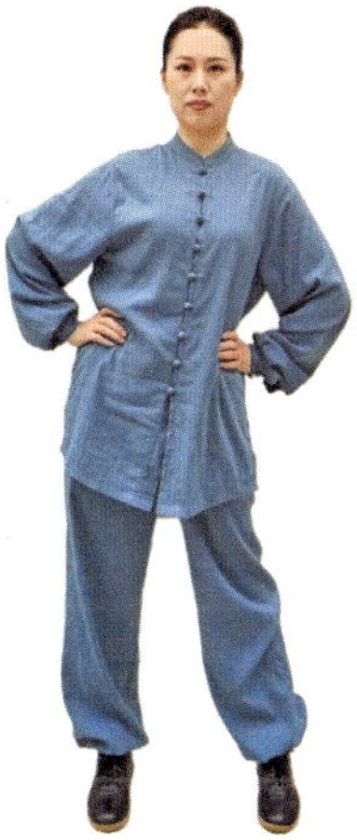

图32

图33

2. 右起环胯（2×8拍）

两胯按右—后—左—前的顺序划4个圆。目视前方。（图32、图31、图31附、图30、图33）

【要点提示】

（1）本动侧重于胯部的锻炼。要意贯胯部，胯为主动，做到胯引腰随，切忌腰引胯随。

（2）按左、后、右、前（右、后、左、前）的顺序，分为四个分动，每分动完成时胯要外展，似停非停。

（3）头部保持虚领顶劲、目视前方，不要摇头晃脑。

（4）两手叉腰时，保持拇指顶住肾俞穴。

腰胯导引功效介绍

（1）通过腰部的侧弯、俯仰和旋转，使腰部肌筋群得到锻炼，肌力得到增强，受损肌筋得到恢复，可用于治疗或辅助治疗腰肌劳损等病症，缓解腰椎间盘突出等病症的疼痛。

（2）通过持续按摩刺激横于腰间的带脉，可起到减少腹部赘肉、加强肠胃蠕动、缓解气滞便秘、防治生殖病症的作用。

（3）通过对腰肌的锻炼和养护，有利于强壮腰胯肌筋，塑造立身中正的身型，帮助有腰椎毛病或不良生活习惯的人矫正翘臀、弯腰等毛病。

（4）通过前三动的锁胯旋腰，最后一动的胯动腰随，有助于习练者领悟腰胯运动的精髓，把握松腰运胯、身带四肢的规律，真正提高太极拳的技艺。

第四式　足膝导引

足膝导引

第一动　俯身左压（2×8拍）

重心移至右腿；左脚前移半步，脚跟着地。两手松落。

上体前倾，两手合抱左踝，以身压腿。目视双手。（图34）

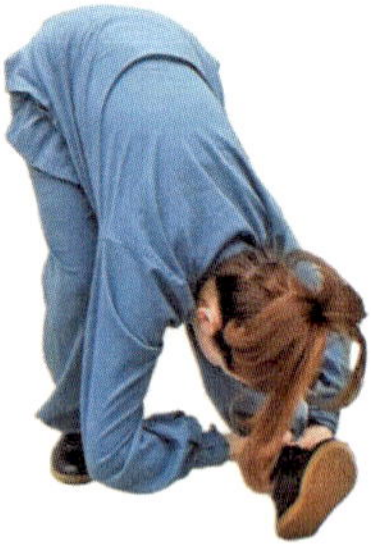

图34

第二动　俯身右压（2×8拍）

上体端正。左脚内收，重心移至左腿；右脚前移半步，脚跟着地。两手松落。（图35）

上体前倾，两手合抱右踝，以身压腿。目视双手。（图36）

图35

图36

【要点提示】

（1）压腿的关键是要让上体尽量靠近大腿，注意内收腹股沟，胸腹有找大腿之意。

（2）两胯松开，后腿膝关节屈而外展，使膝尖与脚尖上下相对。

（3）上体前倾时要尽量竖脊直背，后背要有拉伸感。

（4）前腿要伸直，腿部后群肌筋要有拉伸感。

第三动　扶膝深蹲（2×8拍）

头部和上体稍起，右脚收拢，成并步。两手从两踝处松开，随体上提，贴扶膝盖。（图37）

随之两腿屈膝下蹲，臀部贴近脚跟；同时两肘前合。目视前方。（图38）

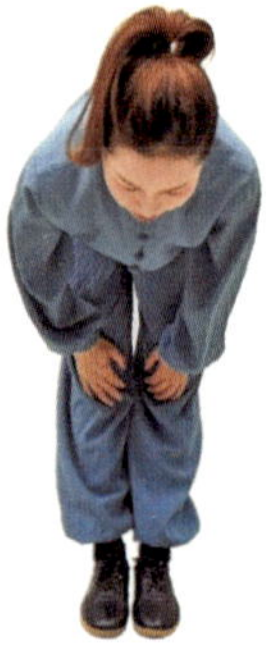

图37

图38

【要点提示】

（1）既要臀贴脚跟，又要腹贴大腿。

（2）顶头直脊，收腹敛臀，不要弯腰低头。

（3）两肘尖朝前内合，使重心稍前移，避免仰身失衡。

（4）动作接近完成时缓慢起身，防止因起身过猛造成脑动脉供血不足。

第四动　颠足顿踵（2×8拍）

两腿伸直，上体端正，两手叉腰。两足先提踵，再顿踵，一上提、一下顿为一分动，每分动4拍（提踵为3拍，顿踵为1拍），共做4次。

颠足提踵：重心稍前移，头部上领，脚跟分两次上提至最高，控稳并放松，松而不下沉。目视前方。（图39、图39附）

图39

图39附

垂足顿踵：重心瞬间下沉，脚跟加速下落，力达脚跟，全身震颤。目视前方。（图40）

图40

【要点提示】

（1）颠足时头要上领，全身要有上拔之意；顿踵时全身放松，瞬间下沉，要有明显的震颤感，并通达全身。

（2）颠足时两脚尖稍分开，两脚跟靠拢，以利于身体平衡。

（3）每4拍完成一分动，第1、2拍时逐拍提踵至最高，第3拍时停顿、放松、控稳，第4拍时顿踵。

（4）呼吸与动作配合，提踵时吸气，停顿时屏气，顿踵时吐气。

足膝导引功效介绍

（1）通过压腿、深蹲和颠足，能使腿、脚肌肉得到放松，筋膜得到拉伸，膝、踝关节得以松活，腿部力量得到加强，可有效保护膝关节和踝关节，同时为后续的桩功和腰腿功练习打下基础。

（2）通过压腿使腿部后群肌筋得到充分拉伸，通过深蹲使腿部前群肌筋得到充分拉伸，可刺激下肢所布三阴三阳经络及穴位，并通达对应的脾胃、肝胆、肾脏等器官，可收到健脾胃、疏肝胆、补肾虚、除诸病的功效。

（3）通过深蹲和颠足，刺激脚底脑神经反射区，使大脑气血充盈、神经放松，此为扶阳；刺激脚跟的膀胱经、肾经等，使精升浊去、虚火下行，此为沉阳。

第二节　桩功

第五式　马步桩功

马步桩功

第一动　贴腹马桩（4×8拍）

左脚打开一步（约两个肩宽），两腿屈膝成马步。两手按起势规格在腹前叠合贴腹。目视前方。（图41）

图41

第二动　抱球马桩（4×8拍）

马步不变。两臂前伸，两肘外抻，虎口相对，呈抱球状。目视前方。（图42、图42附）

图42

图42附

【要点提示】

（1）因马步步幅较大，两脚尖可稍外撇。两胯要松开，裆要撑圆，两膝打开与脚尖相对（膝尖、脚尖的连线非垂直，稍内倾）。

（2）身架的高低决定腿部的负荷量。一般以大小腿弯曲夹角135°为中架，以此度为界，大于为高架，小于为低架。初学者和年长者可练高架，中青年可随着腿力的增加，循序渐进练习中架或低架。

（3）上体要保持端正，使后脑勺、背脊、脚跟成一条垂直线。须做到顶头落胯、含胸拔背、收腹敛臀。

（4）用意将百会穴、会阴穴与两脚心连线的中点连成一条垂直线，使身体处于最佳平衡状态。

（5）两臂无论是贴腹还是抱球，都要保持掤劲，做到沉肩坠肘、屈臂抻肘。

建议习练者在坚持套路练习的同时，单独加长本式练习时间，起初可练3~5分钟，随着腿力的增强，可逐步加长至20分钟左右。

第六式　仆步桩功

仆步桩功

第一动　左仆桩功（4×8拍）

重心移至右腿，右脚尖外撇，左脚跟外碾，成过渡弓步。（图43）随之臀部下沉，上体左转，成左仆步。上体稍前倾。两手各自贴扶同侧膝部。目视斜前方。（图44）

图43

图44

第二动　右仆桩功（4×8拍）

重心稍起并左移，左脚尖外撇，右脚尖内扣，成过渡弓步。（图45）随之臀部下沉，上体右转，成右仆步。上体稍前倾。两手各自贴扶同侧膝部。目视斜前方。（图46）

图45

图46

【要点提示】

（1）要经过过渡弓步再转仆步，不能直接下压成仆步，以免转换受阻甚至关节受伤。初学者和中老年人尤其要注意。

（2）仆步时两脚全脚着地，呈外八字型。

（3）屈腿时膝打开，使膝尖和脚尖相对，进而胯开裆圆。

（4）上体端正稍前倾，背脊尽量拔直。

第七式　弓步桩功

第一动　右弓桩功（4×8拍）

弓步桩功

重心稍起并右移，上体右转。右腿屈弓，左腿伸直；右脚尖外撇，左脚尖内扣，成右弓步。两手合贴膝盖。目视右前方。（图47）

图47

第二动　左弓桩功（4×8拍）

图48

重心左移，上体左转。左腿屈弓，右腿伸直，右脚尖内扣，左脚尖外撇，成左弓步；两手合贴膝盖，目视左前方。（图48）

【要点提示】

（1）弓步的朝向为侧向稍偏内，以使两脚间保持一定距离，避免踩于一条线上。

（2）步幅要尽量大。两腿要前撑后蹬，后腿不要绷得过直，也不要跪膝；后脚要全脚踏实，脚跟不要抬起来。

（3）两手扶膝时要沉肩垂肘，肩肘腕掌节节放松。

第八式　独立桩功

独立桩功

第一动　右独桩功（4×8拍）

左腿屈弓，右脚跟进半步。两手松落。（图49）

重心右移，右腿伸直；左膝上提，脚尖下垂，成右独立步。两手抱住左腿小腿，左手在上，右手在下。在控稳身体的同时旋转脚踝，每4拍划1个圆。先顺时针划4个圆，再逆时针划4个圆。目视前方。（图50）

图49

图50

第二动　左独桩功（4×8拍）

左脚落地踏实，重心左移，左腿伸直；右膝上提，脚尖下垂，成左独立步。两手抱住右腿小腿，右手在上，左手在下。在控稳身体的同时旋转脚踝，每4拍划1个圆。先顺时针划4个圆，再逆时针划4个圆。目视前方（图51）

图51

【要点提示】

（1）支撑腿要直中微屈，以降低身体的重心，增加身体的平衡度，并有利于支撑腿紧中寓松。

（2）脚趾稍屈抓地，重心落于脚心稍后处，以利于保持身体平衡，避免晃动。

（3）立身中正，顶头落胯，上下对拔。

（4）两手抱腿，要尽量让大腿贴近腹部。

（5）旋转脚踝时，以踝为轴，脚尖领劲划圆，尽量把圆划大。脚尖翘时，腿、踝后群肌筋要有拉伸感；脚尖绷时，腿、踝前群肌筋要有拉伸感；朝两侧划圆时，腿、踝侧群肌筋要有拉伸感。

习练压缩版时，是否旋转脚踝，可根据习练者的身体平衡能力灵活掌握。若不旋踝，则应绷平脚面。

桩功功效介绍

1. 练就下盘功夫

太极功夫七分在下，三分在上，桩功就是决定七分功夫最重要的一环。本套路中的桩功包括马步桩功、仆步桩功、弓步桩功和独立桩功，不仅要在规定的时长内使腿部肌筋始终保持收紧和静定的状态，而且要做到放松身心、调节气息。正是这种特殊的训练方法，增强了腿部肌筋的记忆力，形成了自觉规范下盘的潜意识，提高了腿部的力量性、柔韧性和平衡能力，造就了外柔内刚的身体架构和畅通的劲力传导机制。

2. 练就全身功夫

站桩时，两手无论是贴腹、抱球，还是搭膝、抱腿，两肘始终外抻，可形成左右对撑之劲；两腿无论屈蹲还是直立，尾闾、膝盖、脚板三点连线，可形成弯弓之劲；身体始终保持顶头、落胯、脚扎地，可形成上下对拉之劲；两手前伸、命门后撑，可形成前后对抗之劲；诸劲相合，支撑八面，可形成周身膨胀之劲。由此可知，站桩不仅是练就下盘功夫，更是练就全身功夫。

3. 调节养护脊柱

脊柱具有支撑躯干、保护内脏、保障运动的重要功能。然而因不良的生活习惯和功能老化，脊柱错位变形的现象十分普遍，特别是在老年人群中。桩功的练习，能调节和刺激脊柱骨节及神经，由此可带来两大好处：一是强壮脊柱，减缓老化，进而通畅气血，健康身体；二是调直脊柱，规范身型，做到立身中正，使拳打得更好、更美。

4. 调节养护脚踝

俗话说，“人老腿先衰”。随着年龄的增大，脚板和踝关节的肌筋松弛，脚板变平变扁，导致人的平衡能力减弱，极易摔跤骨折。站桩可大大缓解脚踝的退化，降低摔跤的可能。

5. 催动全身气血

现代医学告诉我们，血液的流动，动力源为心脏，通道为动脉和静脉，动脉负责流出，静脉负责回流，而肌筋收放产生的压力可助力心脏。站桩的训练方法，尤其是深度运气，使腿部肌筋的一张一弛与心脏的跳动联动；大腿肌筋可催动气血流至末梢，以滋养全身；小腿肌筋可催动末梢血液回流，以促进代谢。通过站桩，把腿部锻炼强壮，就等于为心脏增加了两个“泵”，或者说站桩让人增加了两个“心脏”。

第三节　腰腿功

第九式　举控腿功

举控腿功

第一动　左前后控（4×8拍）

1. 左前举控（2×8拍）

右脚落地踏实，重心移到右腿；左膝上提，脚尖下垂。两手体前划弧，十字合抱，掌心朝内。（图52）

左脚尖上翘，小腿朝斜前方上举过腰并控稳；两手向两侧撑开，与肩同高，掌心朝外，指尖朝上。目视左手。（图53）

图52

图53

2. 左后举控（2×8拍）

左腿向下、向后、向上抬起，脚面绷平。上体稍前倾。右手举至体前，掌心朝前；左手摆至左后，掌心朝后。目视前方。（图54、图54附）

图54

图54附

第二动　右前后控

1. 右前举控（2×8拍）

左脚落地踏实，重心移至左腿；右膝上提，脚尖下垂。两手体前划弧，十字合抱，掌心朝内。（图55）

右脚尖上翘，小腿朝斜前方上举过腰并控稳。两手向两侧撑开，与肩同高，掌心朝外，指尖朝上。目视右手。（图56）

图55

图56

2. 右后举控（2×8拍）

右腿向下、向后、向上抬起，脚面绷平。上体稍前倾。左手举至体前，掌心朝前；右手摆至身后，掌心朝后。目视前方。（图57、图57附）

图57

图57附

【要点提示】

（一）关于前控

（1）腿上举时脚跟要尽量过腰。先开胯，随后抬大腿，翘脚尖，最后举小腿。

（2）支撑腿稍屈，五趾稍屈抓地，以利控稳。

（3）前手与抬起腿上下相合。两臂夹角约135°。

（4）保持上体端正，不得前俯后仰。

（二）关于后控

（1）后控时，胯要后展；腿伸直后再后举；脚尖绷平，尽量抬高。

（2）支撑腿稍屈，五趾稍屈抓地，重心稍前移，以利控稳。

（3）前手向上、向后伸展，后手向下、向后伸展，两手互为呼应，控制平衡。

（4）上体可稍前倾，约15°，但需目视前方，不得低头看地。

第十式　蹬踹腿功

蹬踹腿功

第一动　前蹬腿功（4×8拍）

右脚落地，成开立步。两手下垂，掌心朝内。（图58）先右腿前蹬，再左腿前蹬。一右一左为一分动，每分动8拍，共做4次。

图58

右腿前蹬：①左脚上步，脚跟着地；重心前移，左腿屈弓，右脚跟提起。两手向两侧撑开，与肩同高，掌心朝外，指尖朝上。（图59）②右腿朝前上方蹬踹，脚尖内勾。（图60）③右脚后撤，脚掌着地。（图61）④重心后移，右脚踏实，左脚内收，成开立步。两臂下垂，掌心朝内。目视前方。（图62）

图59

图60

图61

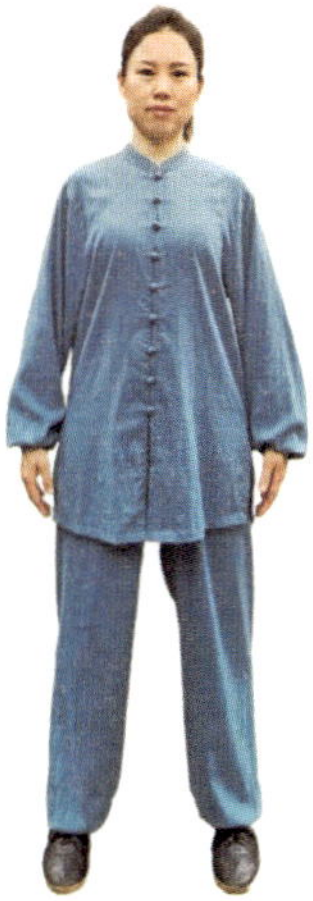

图62

左腿前蹬：①右脚上步，脚跟着地；重心前移，右腿屈弓，左脚跟提起。两手向两侧撑开，与肩同高，掌心朝外，指尖朝上。（图63）②左腿朝前上方蹬踹，脚尖内勾。（图64）③左脚后撤，脚掌着地。（图65）④重心后移，左脚踏实，右脚内收，成开立步。两臂下垂，掌心朝内。目视前方。（图66）

图63

图64

图65

图66

第二动　斜蹬腿功（4×8拍）

先右斜蹬踹，再左斜蹬踹，一右一左为一分动，每分动8拍，共做4次。

右斜蹬踹：①左脚上步，脚跟着地；重心前移，左腿屈弓，右脚跟提起。左手撑至左肩侧，右手摆至左肩前，两掌心均朝外。（图67）②左腿支撑；右腿朝斜前方蹬踹，脚尖内勾。左臂上抬。（图68）③右脚后撤，脚掌着地。右手外摆，两手撑于两肩侧，掌心朝外。（图69）④重心后移，右脚踏实，左脚内收，成开立步。两臂下垂，掌心朝内。目视前方。（图70）

图67

图68

图69

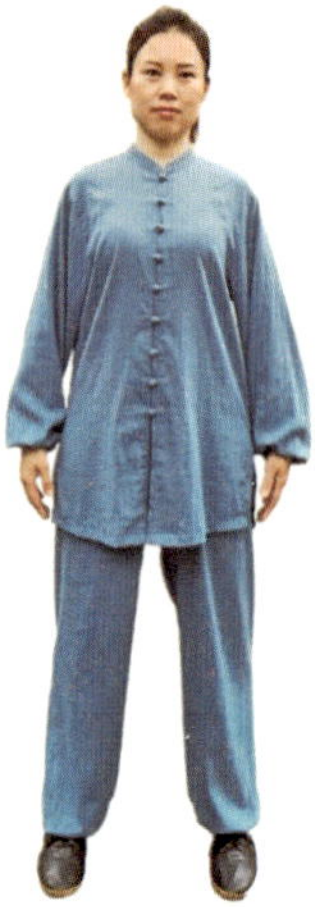

图70

左斜蹬踹：①右脚上步，脚跟着地；重心前移，右腿屈弓，左脚跟提起。右手撑至右肩侧，左手摆至右肩前，两掌心均朝外。（图71）②右腿支撑；左腿朝斜前方蹬出，脚尖内勾。右臂上抬。（图72）③左脚后撤，脚掌着地。左手外摆，两手撑于两肩侧，掌心朝外。（图73）④重心后移，左脚踏实，右脚内收，成开立步。两臂下垂，掌心朝内。目视前方。（图74）

图71

图72

图73

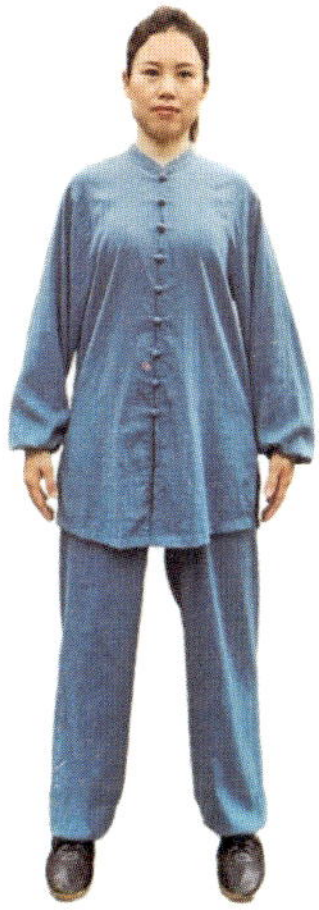

图74

【要点提示】

（一）关于前蹬腿功

（1）蹬踹发力时，腿部伸直，脚尖上翘，腹股沟内收，尽量将腿脚抬高，有脚找前额之意。

（2）采用自然呼吸，但发力时，须短促吐气。

（3）蹬踹发力时，两臂撑于两侧，坐腕伸臂并稍朝后展开；退步时，两臂向前划弧摆于体前；开立步还原时，两臂收至胯旁。

（4）每4拍蹬1次，第1拍上步，第2拍蹬踹，第3~4拍退步还原。

（二）关于斜蹬腿功

（1）蹬踹发力前，两臂一并摆于蹬踹腿异侧，一手外撑，另一手屈收肩前。

（2）蹬踹发力时，胯要打开，有脚找侧额之意。

（3）其他与前蹬相同。

第十一式　拍脚腿功

拍脚腿功

第一动　直腿拍脚（4×8拍）

先右直拍脚，再左直拍脚，一右一左为一分动，每分动8拍，共做4次。

右直拍脚：①左脚上步，脚跟着地；重心前移，左腿屈弓，右脚跟提起。左手横撑，掌心朝外，虎口朝前；右手前伸，掌心朝前，虎口朝侧。（图75）②左腿支撑；右腿朝正前方踢出，脚面绷平。右手迎拍脚面。（图76）③右脚后撤，脚掌着地。右手外摆，两手撑于两肩侧。（图77）④重心后移，右脚踏实；左脚内收，成开立步。两臂下垂，掌心朝内。目视前方。（图78）

图75

图76

图77

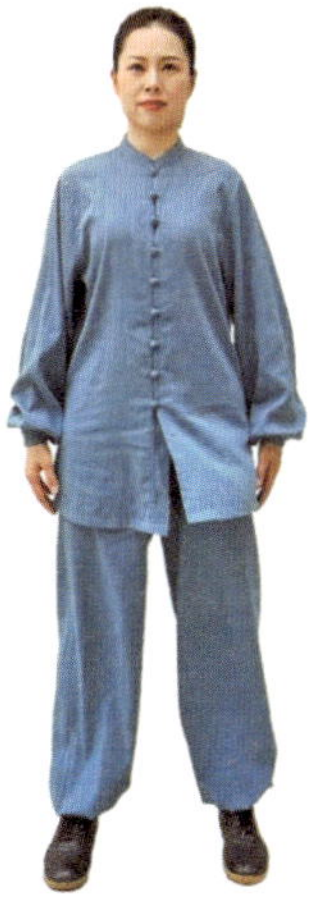

图78

左直拍脚：①右脚上步，脚跟着地；重心前移，右腿屈弓，左脚跟提起。右手横撑，掌心朝外，虎口朝前；左手前伸，掌心朝前，虎口朝侧。（图79）②右腿支撑；左腿朝正前方踢出，脚面绷平。左手迎拍脚面。（图80）③左脚后撤，脚掌着地。左手外摆，两手撑于两肩侧，掌心朝外。（图81）④重心后移，左脚踏实；右脚内收，成开立步。两臂下垂，掌心朝内。目视前方。（图82）

图79

图80

图81

图82

第二动　提膝拍脚（4×8拍）

先右提拍脚，再左提拍脚，一右一左为一分动，每分动8拍，共做4次。

右提拍脚：①左脚上步，重心前移，左腿直立；右膝上提，脚尖下垂。左手横撑，掌心朝外，虎口朝前；右手前伸，掌心朝前，虎口朝侧。（图83、图84）②右小腿朝正前方踢出，脚面绷平。右手迎拍脚面。（图85）③右小腿屈收，脚尖下垂。右手还原。（图86）④右脚后撤，脚掌着地。右手外摆，两手撑于两肩侧，掌心朝外。（图87）⑤重心后移，右脚踏实；左脚内收，成开立步。两臂下垂，掌心朝内。目视前方。（图88）

图83

图84

图85

图86

图87

图88

左提拍脚：①右脚上步，重心前移，右腿直立；左膝上提，脚尖下垂。右手横撑，掌心朝外，虎口朝前；左手前伸，掌心朝前，虎口朝侧。（图89、图90）②左小腿朝正前方踢出，脚面绷平。左手迎拍脚面。（图91）③左小腿屈收，脚尖下垂。左手还原。（图92）④左脚后撤，脚掌着地。左手外摆，两手撑于两肩侧，掌心朝外。（图93）⑤重心后移，左脚踏实；右脚内收，成开立步。两臂下垂，掌心朝内。目视前方。（图94）

图89

图90

图91

图92

图93

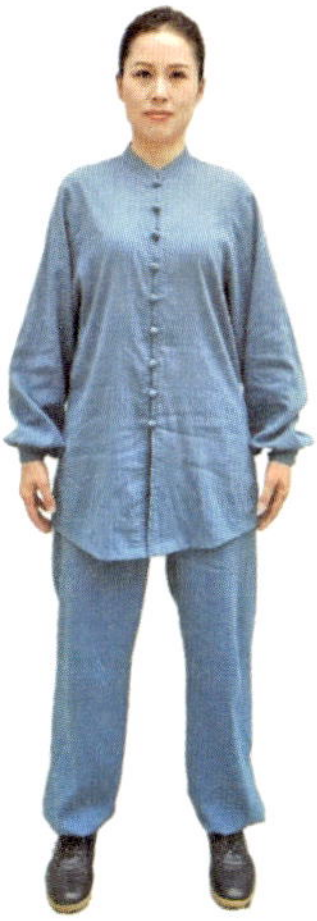

图94

【要点提示】

（一）关于直腿拍脚

（1）拍脚的力点在脚面，注意脚面要绷平，不要翘起脚尖。

（2）本动的内涵为出脚弹踢，以手“迎”拍，可理解为脚找手，而不是手找脚。不要举掌下拍，以脚“迎”拍。

（3）拍脚时，头要上领，背要挺拔，不要弯腰。

（4）弹踢时，腿要伸直，不要屈膝上举。

（二）关于提膝拍脚

（1）要尽量将膝关节提高，以利于小腿上举。

（2）拍脚完成后，要先屈收小腿，再直腿撤步。

（3）注意节奏，第1拍需完成上步和提膝两个步骤；第2拍需完成拍脚和收脚两个步骤。后2拍与直腿拍脚相同。

（4）上述直腿拍脚之要点均适合本动。

第十二式　扫摆腿功

扫摆腿功

第一动　单拍扫摆（4×8拍）

先右单扫摆，再左单扫摆，一右一左为一分动，每分动8拍，共做4次。

右单扫摆：①左脚上步，重心前移；右脚进步，脚掌着地。两掌撑于两肩侧，掌心朝外。（图95、图96）②右腿伸直，脚面绷平，向左、向上、向右扫摆。右掌体前迎拍右脚外侧脚面，掌心朝左。（图97、图98）③右腿屈膝收脚，脚尖下垂。右手收至左肩前，掌心朝外。（图99）④右脚后撤，脚掌着地。右手回摆，两手撑于两肩侧，掌心朝外。

（图100）⑤重心后移，右脚踏实；左脚内收，成开立步。两臂下垂，掌心朝内。目视前方。（图101）

图95

图96

图97

图98

图99

图100

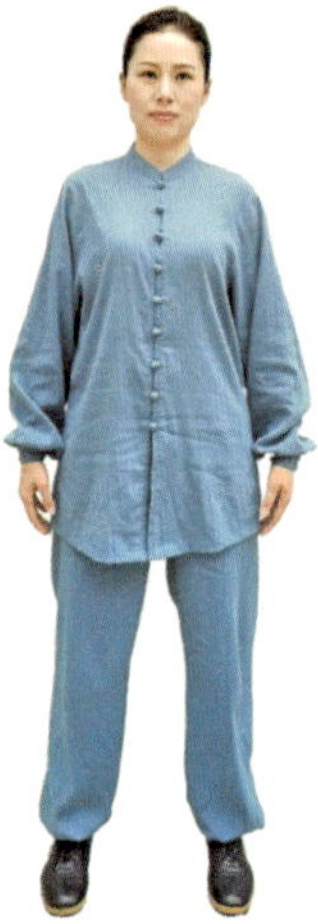

图101

左单扫摆：①右脚上步，重心前移；左脚进步，脚掌着地。两掌撑于两肩侧，掌心朝外。（图102、图103）②左腿伸直，脚面绷平，向右、向上、向左扫摆。左掌体前迎拍左脚外侧脚面，掌心朝右。（图104、图105）③左腿屈膝收脚，脚尖下垂。左手收至右肩前，掌心朝外。（图106）④左脚后撤，脚掌着地。左手回摆，两手撑于两肩侧，掌心朝外。（图107）⑤重心后移，左脚踏实；右脚内收，成开立步。两臂下垂，掌心朝内。目视前方。（图108）

图102

图103

图104

图105

图106

图107

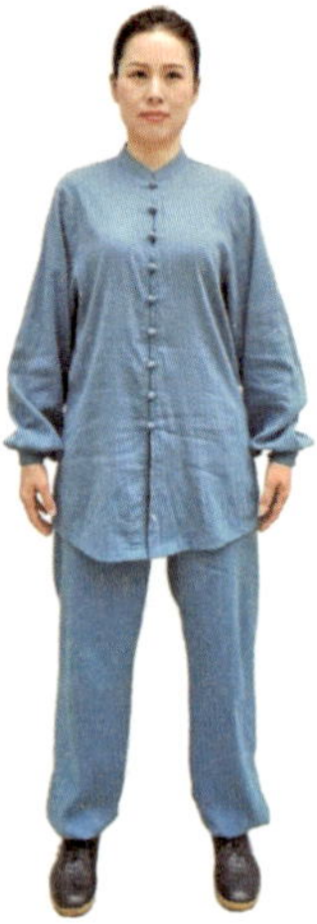

图108

第二动　双拍扫摆（4×8拍）

先右双扫摆，再左双扫摆，一右一左为一分动，每分动8拍，共做4次。

右双扫摆：①左脚上步，重心前移，左腿直立；右腿提膝，脚尖下垂。右手撑于肩侧；左手摆至右肩前，两掌心均朝外。（图109、图110）②右腿伸直，脚面绷平，向左、向上、向右扫摆。同时两掌向左先后迎拍右脚外侧脚面。（图111）③右腿屈膝内收，脚尖下垂。左手摆至肩侧；右手摆至左肩前，两掌心朝外。（图112）④右脚后撤，脚掌着地。右手外摆，两手撑于两肩侧，掌心朝外。（图113）⑤重心后移，右脚踏实；左脚内收，成开立步。两臂下垂，掌心朝内。目视前方。（图114）

图109

图110

图111

图112

图113

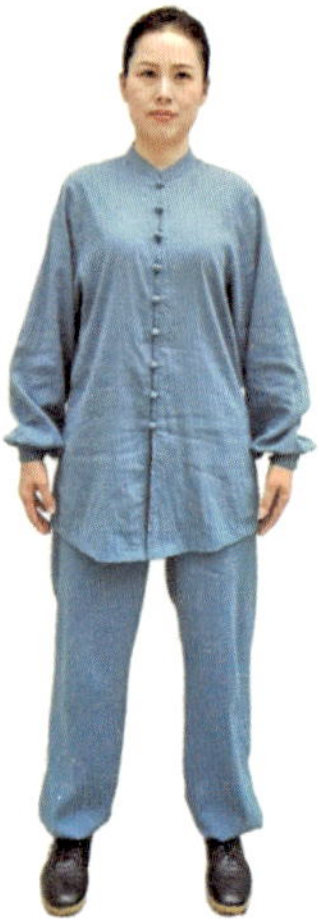

图114

左双扫摆：①右脚上步，重心前移，右腿直立；左腿提膝，脚尖下垂。左手撑于肩侧；右手摆至左肩前，两掌心均朝外。（图115、116）②左腿伸直，脚面绷平，向右、向上、向左扫摆。同时两掌向右先后迎拍左脚外侧脚面。（图117）③左腿屈膝内收，脚尖下垂。右手摆至肩侧；左手摆至右肩前，两掌心朝外。（图118）④左脚后撤，脚掌着地；左手外摆，两手撑于两肩侧，掌心朝外。（图119）⑤重心后移，左脚踏实；右脚内收，成开立步。两臂下垂，掌心朝内。目视前方。（图120）

图115

图116

图117

图118

图119

图120

【要点提示】

下面以右摆为例，反之亦然。

（一）关于单摆

（1）起始时，两臂朝两侧撑，舒指坐腕；扫摆时，右手左摆，在体前迎拍，接触点在脚外侧。

（2）扫摆时，腿要伸直，脚面绷平，在体前向左、向上、向右划一扇面。屈腿横摆不仅不合规范，而且会增加手拍脚的难度。

（3）注意用意内收腹股沟，使扫摆腿抬得够高，扇面画得够大，手轻松贴近脚面，拍脚声清脆有力。

（4）自然呼吸，但扫摆拍脚时须稍屏气随后吐气。

（5）上体保持端正，不要弯腰前倾。

（6）注意节奏。第1拍完成左脚上步和右脚虚点，第2拍完成扫摆和屈腿收脚，第3拍撤步，第4拍收脚还原。

（二）关于双摆

（1）对比单摆，双摆增加了动作难度。为保证扫摆时脚抬得够高、扇面划得够大，注意尽量将膝盖提高。

（2）起始时，右膝上提稍往左合，上体稍往右拧。扫摆完毕时，右膝上提稍往右开，上体稍往左拧。

（3）右腿起摆时，小腿上举，大小腿伸直，脚面绷平；右腿摆至体前时，两手迎拍，先左后右，连续两响，接触点在脚外侧。

（4）注意节奏。第1拍完成左脚上步和右膝上提，第2拍完成扫摆和屈腿收脚，第3拍撤步，第4拍收脚还原。

（5）其他与单摆要点（2）（3）（4）（5）相同。

腰腿功功效介绍

（1）无论是内家拳还是外家拳，都要训练腰腿功。本功法经过控腿、蹬踹、拍脚、扫摆等各式训练，可使两膝松而灵活、髋关节活而强健、股头肌强而有韧，腿部力量（尤其是爆发力）和柔韧性得到增强，从而行拳走架时腿伸得直、举得高、蹲得低、走得轻，姿势优美，韵味十足。

（2）桩功以静为主，腰腿功以动为主，两者共同加强了腿部乃至全身肌筋和骨骼的锻炼，其养生功效是互补的。对比桩功，腰腿功的训练对爆发力的要求更高，其肌筋的收缩和舒张更为强烈，对骨骼的牵引刺激也更为明显，进而促进血液的流动，滋补骨骼的营养，改善骨的形态和结构，减少骨质疏松，提高骨的抗折、抗弯、抗压等能力，可防治关节疼痛，延缓腿力衰减和足膝酸软。

（3）其他与足膝导引和桩功所述功效相同。

收势

收势

第一动　环臂采气（2×8拍）

先举臂吸气，再压掌呼气，一吸一呼为一分动。每分动8拍。共做2次。

举臂吸气：两臂向两胯侧打开，掌心向后；两臂边上举边外旋至与肩同高，掌心向上；继续上举至头顶，掌心相对。同时吸气。目视前方。（图121、图122）

图121

图122

压掌呼气：两臂屈肘，两掌下按至丹田，掌心朝下，虎口相对。同时呼气。目视前方。（图123、图124）

图123

图124

第二动　揉腹收功（2×8拍）

两掌叠合贴腹（男左内右外，女右内左外），向右、向上、向左、向下划圆揉抹，每4拍划1个圆，共划4个圆。目视前方。逐渐转为自然呼吸。（图125）

图125

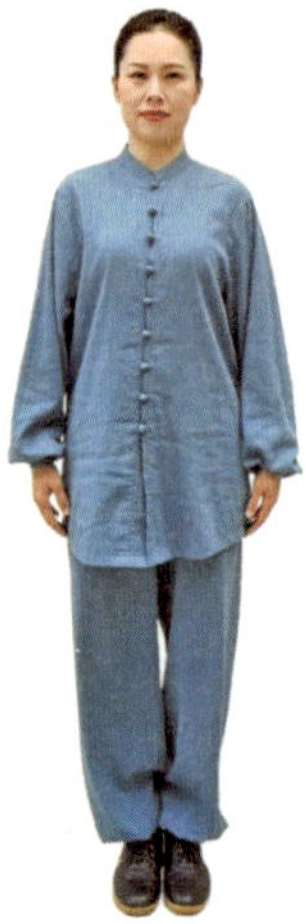

图126

重心移至右腿，左脚内收，成并步。两手松落至两胯旁，掌心朝内。（图126）

【要点提示】

（1）经腰腿功转本式，须运用心法，再入静，再放松，再调气。环臂采气时调整为腹式呼吸，揉腹收功时逐渐转为自然呼吸。

（2）环臂上举时，不加力，不加速，用与手臂等重之力；下压时不用力，不加速，用自然下垂之法。

（3）揉腹时，两手实贴腹部，稍加用力，强度适中；以神阙穴为轴，匀缓划圆。

收势功效介绍

（1）通过环臂，引气归于丹田。

（2）通过揉腹，柔体归于收功。

第二章　养生太极功（简化版）

养生太极功的简化版包括起势、收势和5个招式，是在标准版前五式的基础上，增加虚步旋踝动作组成。本章仅讲述每式的动作路径（新增的虚步旋踝动作提示要点），其要点提示和功效介绍，详见第一章相关内容。

起势（2×8拍）

并步直立，两脚平行。两臂下垂，两腋虚开。面部自然，目视前方。（图127）

起势

图127

重心移至右腿；左脚提起，向左开步，落至与肩同宽处；重心移至两腿之间。两手腹前叠合（男左内右外，女右内左外），贴于丹田，掌心朝内。（图128、图129）

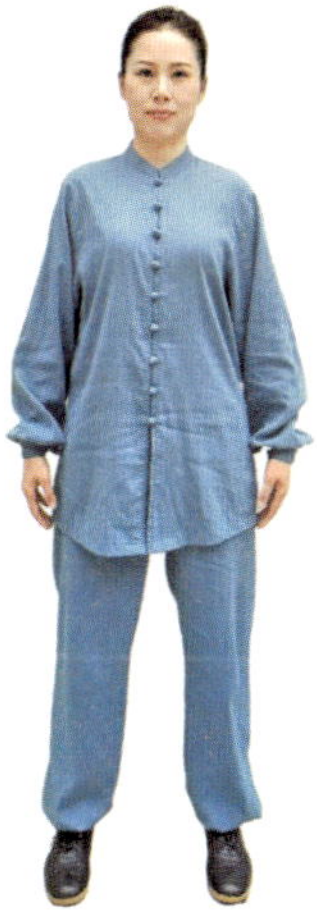

图128

图129

第一式　臂颈导引

臂颈导引

第一动　抱头侧压（4×8拍）

1. 左抱侧压（2×8拍）

左手体侧上举，抱住头顶及右额，五指着力，助头部向左下倾压；右手仍贴腹。目视前方。（图130）

图130

图131

2. 右抱侧压（2×8拍）

左手收落贴腹；右手体侧上举，抱住头顶及左额，五指着力，助头部向右下倾压。目视前方。（图131）

第二动　左右后瞧（4×8拍）

图132

1. 向左后瞧（2×8拍）

两手向两侧偏后打开，与肩同高，舒指坐腕，掌心朝外，指尖朝上。头向左后旋转，目视左后方。（图132）

2. 向右后瞧（2×8拍）

接上动。头向右后旋转，目视右后方。（图133）

图133

第三动　举臂仰头（2×8拍）

头部转正。两臂外旋使掌心朝上；上举至头顶，掌心相对；十指交叉，掌心朝下。目视前方。（图134、图135）

图134

图135

两手内旋翻掌，朝上伸展，掌心朝上。头部同时后仰，目视上方。（图136）

图136

第四动　抱颈对抗（2×8拍）

两手外旋屈收至颈后，掌心朝前；两臂内合，朝前拉伸；上体带动脖颈向后对抗。目视前上方。（图137、图137附）

图137

图137附

第二式　胸肩导引

胸肩导引

第一动　胸肩开合（4×8拍）

两手松开，指尖搭肩，肘尖朝前。目视前方。（图138）

图138

图139

1. 开肩前弓（2×8拍）

两臂打开，肘尖朝侧偏后，胸部前突，呈前弓形。（图139）

图140

2. 合肩后弓（2×8拍）

两臂前合，肘尖朝前，背部后突，呈后弓形。（图140）

第二动　环肩绕膀（4×8拍）

1. 抬起环肩（2×8拍）

接上动。肩尖肘尖同步向上、向后、向下、向前划圆。每4拍划1个圆，共划4个圆。目视前方。（图141、图142、图143、图144）

图141

图142

图143

图144

2. 沉起环肩（2×8拍）

接上动。肩尖肘尖同步向下、向后、向上、向前划圆。每4拍划1个圆，共划4个圆。目视前方。（图143、图142、图141、图144）

第三动　提肩垂胛（2×8拍）

两手臂朝前伸展，掌心朝上（图145）；收落至胯旁，掌心转朝内。随之，先提肩缩脖，再垂胛伸脖。一提一垂为一分动，每分动4拍（其中提肩为3拍，垂胛为1拍），共做4次。

图145

图146

提肩缩脖：两肩上提，脖颈内缩；两胯松沉，吸气后稍屏，呈缩头龟状。目视前方。（图146）

图147

垂胛伸脖：两手臂两肩胛急速下垂；头部上顶，脖颈伸拔；同步吐气，全身松沉，呈伸头龟状。目视前方。（图147）

第四动　背手合胛（2×8拍）

两手反背，十指屈钩；胸部前弓，两胛后合。两臂上抬，脖颈前伸，下颌上抬，后脑勺靠近大椎穴。目视前上方。（图148、图148附）

图148

图148附

第三式　腰胯导引

腰胯导引

第一动　弯腰侧弓（4×8拍）

头部端正。两手松开，向两侧打开，掌心朝后；上举至与肩同高，掌心朝上；继续上举至头顶相合，十指交叉，掌心朝下；两臂内旋翻掌，掌心朝上。（图149、图150、图151）

图149

图150

图151

图152

1. 弯腰左弓（2×8拍）

上体左倾，两臂随身体向左下倾压。目视前方。（图152）

图153

2. 弯腰右弓（2×8拍）

上体端正后右倾，两臂随身体向右下倾压。目视前方。（图153）

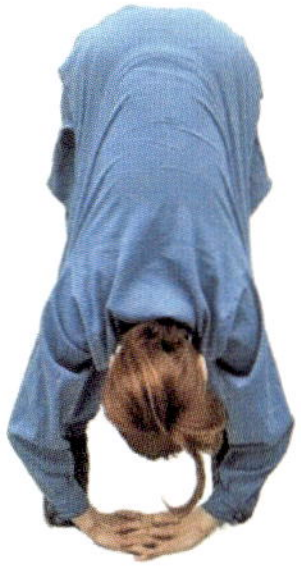

图154

第二动　俯身前弓（2×8拍）

上体端正，两手翻掌，向下划弧，收至腹前，掌心朝下；上体前倾，两掌下按，尽量贴近地面。两眼随视两手。（图154）

第三动　顶腰后弓（2×8拍）

上体端正后凸腹后仰。两手松开并稍上提，以虎口叉腰，大拇指顶住肾俞穴。头随身后仰，目视上方。（图155、图155附）

图155

图155附

第四动　叉腰环胯（4×8拍）

上体端正，两手仍叉腰，随之展胯划圆。每4拍划1个圆。

1. 左起环胯（2×8拍）

两胯按左—后—右—前的顺序划4个圆。目视前方。（图156、图157、图157附、图158、图159）

2. 右起环胯（2×8拍）

两胯按右—后—左—前的顺序划4个圆。目视前方。（图158、图157、图157附、图156、图159）

图156

图157

图157附

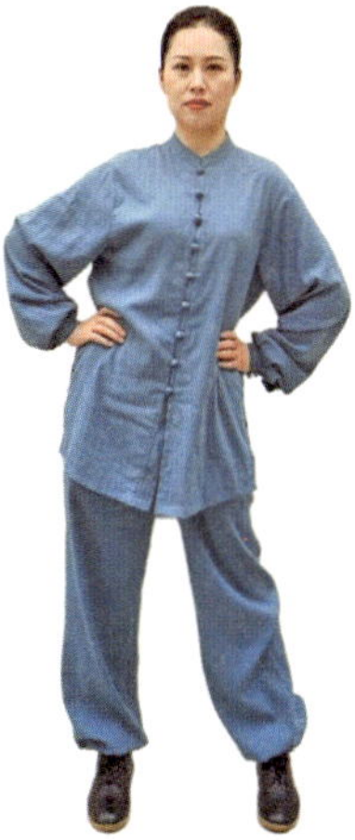

图158

图159

第四式　足膝导引

第一动　俯身压腿（4×8拍）

足膝导引

1. 俯身左压（2×8拍）

重心移至右腿；左脚前移半步，脚跟着地。两手松落。

上体前倾，两手合抱左踝，以身压腿。目视双手。（图160）

图160

2. 俯身右压（2×8拍）

上体端正。左脚内收，重心移至左腿；右脚前移半步，脚跟着地。两手松落。（图161）

上体前倾，两手合抱右踝，以身压腿。目视双手。（图162）

图161

图162

第二动　虚步旋踝（4×8拍）

图163

1. 右虚旋踝（2×8拍）

上体端正，两手叉腰。右脚稍内收，脚前掌着地。右脚脚踝先逆时针划2个圆，再顺时针划2个圆。每4拍划1个圆。（图163）

图164

2. 左虚旋踝（2×8拍）

右脚内收并踏实；左脚前移，脚前掌着地。左脚脚踝先顺时针划2个圆，再逆时针划2个圆。每4拍划1个圆。（图164）

【要点提示】

（1）以脚尖为轴，踝关节划圆。

（2）尽量把圆划大一点，使周围肌筋得到充分拉伸。

（3）以胯带膝，以膝带踝，使下肢三个关节联动。

第三动　扶膝深蹲（2×8拍）

两脚收拢，成并步。上体前倾，两手下落，贴扶膝盖。（图165）

随之屈膝下蹲，臀部贴近脚跟。同时两肘前合。（图166）

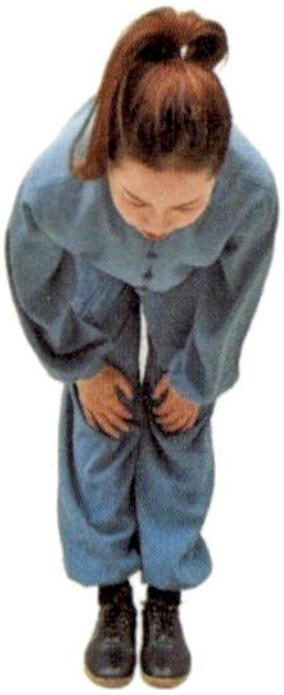

图165

图166

第四动　颠足顿踵（2×8拍）

两腿伸直，上体端正。两手叉腰。两足先提踵，再顿踵，一上提一下顿为一分动，每分动4拍（提踵为3拍，顿踵为1拍），共做4次。

颠足提踵：重心稍前移，头部上领，脚跟分两次上提至最高，控稳并放松，松而不下沉。目视前方。（图167、图167附）

图167

图167附

垂足顿踵：重心瞬间下沉，脚跟加速下落，力达脚跟，全身震颤。目视前方。（图168）

图168

第五式　马步桩功

马步桩功

第一动　贴腹马桩（2×8拍）

左脚打开一步（约两个肩宽），两腿屈膝成马步。两手按起势规格在腹前叠合贴腹。目视前方。（图169）

图169

第二动　抱球马桩（2×8拍）

马步不变。两臂前伸，两肘外抻，虎口相对，呈抱球状。目视前方。（图170、图170附）

图170

图170附

收势（2×8拍）

收势

两腿伸直，重心右移，左脚内收至与肩同宽。两臂下垂，两手落至胯旁，拳心朝内。（图171）

先举臂吸气，再压掌呼气，一吸一呼为一分动。每分动8拍。共做2次。

举臂吸气：两臂向胯侧打开，掌心向后；两臂边上举边外旋至与肩同高，掌心向上；继续上举至头顶，掌心相对。同时吸气。目视前方。（图172、图173）

图171

图172

图173

压掌呼气：两臂屈肘，两掌下按至丹田，掌心朝下，虎口相对；同时呼气。目视前方。（图174、图175）

重心移至右腿，左脚内收，成并步。两手松落至两胯旁，掌心朝内。（图176）

图174

图175

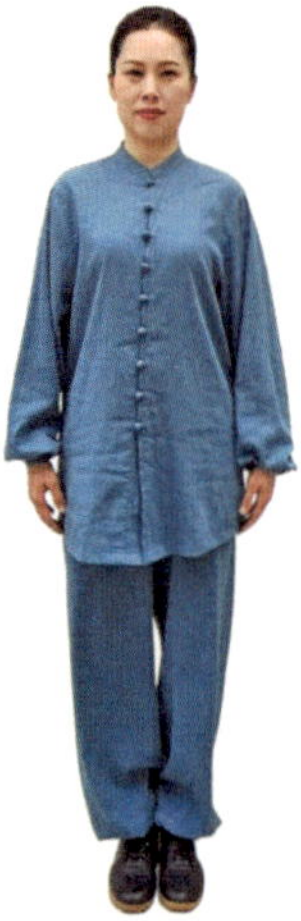

图176

第三章　养生太极功三个版本的动作名称及节拍

动作名称	节　拍		
	标准版	压缩版	简化版
起势	4×8拍	2×8拍	2×8拍
第一式　臂颈导引	—	—	—
第一动　抱头侧压	—	—	—
1. 左抱侧压	2×8拍	2×8拍	2×8拍
2. 右抱侧压	2×8拍	2×8拍	2×8拍
第二动　左右后瞧	—	—	—
1. 向左后瞧	2×8拍	2×8拍	2×8拍
2. 向右后瞧	2×8拍	2×8拍	2×8拍
第三动　举臂仰头	2×8拍	2×8拍	2×8拍
第四动　抱颈对抗	2×8拍	2×8拍	2×8拍
第二式　胸肩导引	—	—	—
第一动　胸肩开合	—	—	—
1. 开肩前弓	2×8拍	2×8拍	2×8拍
2. 合肩后弓	2×8拍	2×8拍	2×8拍
第二动　环肩绕膀	—	—	—
1. 抬起环肩	2×8拍	2×8拍	2×8拍
2. 沉起环肩	2×8拍	2×8拍	2×8拍

（续表）

动作名称	节　拍		
	标准版	压缩版	简化版
第三动　提肩垂胛	2×8拍	2×8拍	2×8拍
第四动　背手合胛	2×8拍	2×8拍	2×8拍
第三式　腰胯导引	—	—	—
第一动　弯腰侧弓	—	—	—
1. 弯腰左弓	2×8拍	2×8拍	2×8拍
2. 弯腰右弓	2×8拍	2×8拍	2×8拍
第二动　俯身前弓	2×8拍	2×8拍	2×8拍
第三动　顶腰后弓	2×8拍	2×8拍	2×8拍
第四动　叉腰环胯	—	—	—
1. 左起环胯	2×8拍	2×8拍	2×8拍
2. 右起环胯	2×8拍	2×8拍	2×8拍
第四式　足膝导引	—	—	—
第一动　俯身左压	2×8拍	2×8拍	2×8拍
第二动　俯身右压	2×8拍	2×8拍	2×8拍
简化版　虚步旋踝	—	—	—
1. 右虚旋踝	—	—	2×8拍
2. 左虚旋踝	—	—	2×8拍
第三动　扶膝深蹲	2×8拍	2×8拍	2×8拍
第四动　颠足顿踵	2×8拍	2×8拍	2×8拍
第五式　马步桩功	—	—	—
第一动　贴腹马桩	4×8拍	2×8拍	2×8拍
第二动　抱球马桩	4×8拍	2×8拍	2×8拍

（续表）

动作名称	节拍		
	标准版	压缩版	简化版
第六式　仆步桩功	—	—	第五式完成后接收势
第一动　左仆桩功	4×8拍	2×8拍	
第二动　右仆桩功	4×8拍	2×8拍	
第七式　弓步桩功	—	—	
第一动　右弓桩功	4×8拍	2×8拍	
第二动　左弓桩功	4×8拍	2×8拍	
第八式　独立桩功	—	—	
第一动　右独桩功	4×8拍	2×8拍	
第二动　左独桩功	4×8拍	2×8拍	
第九式　举控腿功	—	—	
第一动　左前后控	—	—	
1. 左前举控	2×8拍	8拍	
2. 左后举控	2×8拍	8拍	
第二动　右前后控	—	—	
1. 右前举控	2×8拍	8拍	
2. 右后举控	2×8拍	8拍	
第十式　蹬踹腿功	—	—	
第一动　前蹬腿功	4×8拍	2×8拍	
第二动　斜蹬腿功	4×8拍	2×8拍	
第十一式　拍脚腿功	—	—	
第一动　直腿拍脚	4×8拍	2×8拍	
第二动　提膝拍脚	4×8拍	2×8拍	

（续表）

动作名称	节拍		
	标准版	压缩版	简化版
第十二式　扫摆腿功	—	—	第五式完成后接收势
第一动　单拍扫摆	4×8拍	2×8拍	
第二动　双拍扫摆	4×8拍	2×8拍	
收势	—	—	—
第一动　环臂采气	2×8拍	2×8拍	2×8拍
第二动　揉腹收功	2×8拍	—	—

标准版全套演示　　简化版全套演示　　压缩版全套演示

体会篇

练好太极功是打好太极拳的关键

王万松

太极拳是中华武术中的瑰宝，是国家级非物质文化遗产，深受广大群众的喜爱。它动作柔和、缓慢、轻灵、刚柔相济，运动起来形体美、姿态美，集武术和人体美于一体，并且具有养生、强身、健体的功能。练习太极拳其实就是在品味一种文化。

要练好太极拳，并非易事。如果只是简单地比划动作，那是远远不够的。只有练好太极功，将功糅合在拳内才能打好。常言“打拳不练功，到老一场空”，就是这个道理。拳只是人体的形态运动，功才是灵魂。

什么是拳？五指相握为拳；它还有一种解释：用于拿拳头打人的动作。什么是功？太极拳指本领和功夫，而物理学指力对物体作用产生位移积累的物理量。功的大小等于作用力的大小和物体移动距离的乘积，这是大家熟知的物理公式。我们从物理的角度来诠释太极拳之功，一定会让人产生一种新的更为深刻的认识：拳只是一种外力运动，而功是一种内力运动。

我们知道了拳与功的区别，再看我们平时打太极拳，有的人只是运动四肢，没用内力，这样打拳无功可言，既失去了太极的韵味，又无太极的美感，只能说是在做操或走舞。而有功的太极拳，它的特点是以技击动作为主体，其核心是劲。劲起于脚，发于腿，主宰于腰，形于手指。一个有太极功夫的人，一定是身架沉稳，脚下移动轻灵，柔和缓慢，刚柔相济，劲力灵活多变。

既然功在太极拳中这么重要，那么怎样才能练好太极拳太极功呢？向正新先生编著的这本《养生太极功》，从理论到实践，从练功到养生，都有很详细的解说，是一本难得的教科书。

养生太极功把养生与练功紧密结合起来，借一拳养生，借练功强体。如长期坚持练习养生太极功，既能养生，又能强体。如导引功把古代道家“道生于静”的学说、古代医学“百病生于气”的理念和古代养生学“导气引体”的理念贯穿一起，使人在练习中气息贯通，血脉顺畅，达到养生之目的。而练习桩功、腰腿功能够逐渐使人体关节骨缝松开，肌肉力量增强，从而达到健身强体之目的。

这套养生太极功，浅显易懂，动作好学，不受时间、地点、场所变化之影响，静下心来每天坚持练习，会收到很好的效果。如果你用心地将其运用到太极拳各套路招式中去，你的太极拳水平一定会更上一层楼。

向正新先生用多年习练太极拳的经验，深刻研究了太极功在太极拳中的作用和运用，写下了这本《养生太极功》，为广大爱好者在打拳之外开辟了一条先练功后练拳，练功、练拳相结合的道路，值得我们好好学习。

作者简介

王万松，男，80岁，一级社会体育指导员，中国武术五段，龙泉太极文化论坛副主席。

养生太极功对提升太极拳功效的意义

李强　陈梅

太极拳具有健身养生的功效，这已被国内外专家学者的大量科研实验所证实。一般来说，无论任何人只要坚持习练太极拳，都会有一定的健身养生效果，但在不同人身上所获得的效果是有很大差异的。造成这种现象的原因是多方面的，其中能否练好太极功起着至关重要的作用。《养生太极功》编审委员会以养生太极功为课题，在荆门市东宝区太极拳协会会员中采用问卷和采访形式进行调研后，得出了肯定的结论。下面就养生太极功对提升太极拳在防治疼痛病、肺部疾病和心血管疾病三方面的意义略作说明。

一、养生太极功对太极拳缓解疼痛病的意义

太极拳是有效缓解疼痛的运动处方，可使患有颈部、脊髓、腰胯、膝关节等部位炎症及纤维肌痛等得到缓解，视觉模拟评分、功能障碍指数和关节屈伸度得到有效降低；与此同时，患者的生理功能、心理健康和生活质量得以改善。

上述结论可在同时坚持习练养生太极功和太极拳的人群中得到证实。在这一人群中，多数没有出现颈肩腰膝疼痛现象；少数年龄偏大的习练者出现过一定程度疼痛的，经过练功得到了有效的缓解和消除；极少数出现较为严重疼痛的习练者，经过求医诊疗，包括针灸、按摩等，并在治疗中与治疗后配合进行导引功习练，都得到了康复。然而在只打拳不练功的人群中，有不少人因

太极功夫欠缺导致关节得不到有效保护，有的人关节出现新的伤害，有的原有的关节疼痛不仅没有减轻反而加重了。

为什么出现如此反差呢？这要从养生太极功的功能说起。首先，导引功中的16个动作，本来就取材于中医学和古代导引术，有些至今还用于临床，是经过千百年实践、无数人体验过的行之有效的处方。其次，桩功和腿功都是太极拳的步型和单式动作，经过长期习练，不仅可以使习练者动作规范，打拳时动作轻灵，迈步如猫，而且周身尤其是腿部肌肉筋膜还能得到增强和调理，使颈肩腰膝等关节得到有效保护。

二、养生太极功对太极拳改善肺功能的意义

太极拳中的呼吸训练，可明显提高机体氧摄入量，有效改善肺功能。其能使健康者肺功能更强；许多中老年人的胸闷与气血受阻症状得到明显改善；一些慢阻肺患者也得到康复，其肺功能测试指标显著改善，生活质量大大提高。

上述结论在习练养生功的太极拳友中也得到证实，但没有习练太极功法者则非全然。在太极拳习练人群中，关于呼吸练习存在以下几种情况：一是初学者由于对套路和动作不熟悉，动作别别扭扭，导致呼吸并不顺畅。二是习练数年者在着熟基础上，采用自然呼吸的方法，由于动作均匀、缓慢、深沉，使胸腔、肌肉和关节有节律地活动，从而保证了呼吸的深度，使肺部得到有效锻炼；而有些习练者尝试动作与腹式呼吸相配合，结果造成憋气伤身。三是一些功法练习者已经熟练掌握了腹式呼吸的方法，并应用于行拳之中，做到了体内形成气感，体外显现内劲，形态上安逸沉稳，动作上轻灵圆活，这一部分习练者心肺功能的改善最为突出。

腹式呼吸是太极拳练习的高级阶段，有较大难度，即便是在

静态下，也须经过长期的训练方能真正掌握。而太极拳是一项以动为主、动中求静的运动，太极拳的动作设计是与攻防内涵相吻合的，为此每个动作的时长并不一致，如若简单直接地采取动作与呼吸配合，是行不通的。而养生太极功的动作设计以静为主，时长均等，可与呼吸吻合，是进行呼吸训练的极好形式。只要规范练习，就可掌握其规律，形成习惯，然后运用到行拳之中，便是水到渠成。许多忽视太极功法练习的拳友，无论拳龄多长，也无法进入拳式呼吸态，其太极拳应有的改善肺功能的作用大打折扣，也在情理之中了。

三、养生太极功对太极拳防治心血管疾病的意义

太极拳具有改善心脏功能的作用。它能使心肌纤维变粗，防止纤维化和变性，心肌壁变厚而有力，心瓣膜弹性增加，心率变慢，心收缩力加强，心输出量增加，心脏的顺应性和心脏泵血功能得到改善，动脉血压和心肌氧量降低。同时，太极拳具有改善血管功能的作用。它能降低外周阻力和收缩压，提高血管弹性，增加血流量，改善外周循环，加强毛细血管内外的物质交换，提高氧的利用率，减少肌酸的堆积，对慢性冠心病、高血脂、动脉硬化都有较好的防治作用。

太极拳的上述功效，取决于静、松、气、联四大因素。一是习练者动作连绵不断，但身心始终处于安静之态，即动中寓静。静去杂念以致专，静去烦躁以致和，静去僵硬以致松，静去外扰以致神，此乃静以养心也。二是习练者始终以屈蹲为主，在收紧关节筋膜的同时却放松全身内外。松展筋膜以致柔，松垂肌肉以致沉，松开关节以致灵，松疏经络以致通，此乃松以顺心也。三是以意导气，拳式呼吸，同时体内生发内气，贯穿全身。气行脏腑以按摩，气引血随以营养，气行经络以疗疾，气行四梢以强

体，此乃气以助心也。四是节奏匀缓，收放有律，肌肉的张弛与心脏跳动形成联动。大腿联动有利于动脉输血至末梢，小腿联动有利于静脉回流至心脏，全身联动有利于减轻心脏负担，放慢节奏有利于强壮心肌，优化泵血，此乃“联”以强心也。

静、松、气、联涉及太极拳训练的主体和精要，为太极真功夫。若太极拳为山，上述则为峰；若太极拳为海，上述则为底。此山非高不可攀，但须一步一阶；此海非深不可测，但须借助神器。养生太极功是每一位习练者的“神器”，掌握这一“神器”须历经千辛和万时。“静、松、气”须在“意”的主导下，方可入境，此属于心法的内容，在《养生太极功》的理法篇有详细论述；而“联”则包括形体与心法的综合训练，在《养生太极功》中的套路篇有针对每一动作的细化剖析。在坚持习练养生太极功的拳友中，大多已掌握或正在掌握太极功这一“神器”，做到了行拳中的静、松、气、联，太极拳对心血管的功效也得到明显体现。而在只打拳不练功的人群中，太极拳对心血管疾病的防治未见明显成效。

作者简介

李强，男，1984年5月生，硕士研究生，荆门市人民医院副主任医师，擅长运动损伤康复治疗。

陈梅，女，1969年10月生，中国武术五段，一级社会体育指导员。

养生太极功
在防治脊柱相关性疾病中的作用

陈本国

脊柱相关性疾病是由于椎周软组织损伤、小关节错位、增生退变及脊柱周围组织的无菌性炎症，刺激和压迫了脊神经、内脏神经所出现的一系列症候群。这类疾病的发生是由多种原因引起的，其作用于人体的过程也十分复杂。从病因的来源来看，有内在和外在之别。

内在因素有：①退行性变。人体一旦停止生长发育，椎间盘便开始退变。一是髓核退变、脱水、髓核弹性下降，导致椎间盘高度变低；二是软骨板退变，渗透性增加，加速了髓核脱水；三是纤维环退变，韧性下降，脆性增加，加速了椎间盘的变性甚至破裂，造成髓核脱出。三位一体的退变，造成脊柱周围关节稳定性结构破坏，脊柱椎轴发生动力学改变，脊神经或内脏神经受到刺激压迫，出现临床相关症候群。②精神因素。人的精神状态与发病、治疗和康复密切相关。长期处于精神紧张状态，就会出现背部肌肉紧张、左右侧肌肉张力失衡，从而导致头痛、头昏、背痛等。

外在因素有：①脊柱急慢性损伤，造成脊椎本身的椎间关节错位、小关节紊乱、骶髂关节半错位或尾骨偏歪，引起脊柱力学平衡失调，出现脊柱功能障碍脊椎错位的关节，也可刺激压迫脊神经及交感神经节，出现临床症状。②椎周软组织急慢性损伤，形成脊柱周围无菌炎症，软组织机化粘连，形成无菌结节，刺激或压迫椎周脊神经、内脏神经，引起临床相关症候群。③局部炎症，扩散到颈椎寰枕关节周围的肌肉、韧带、关节囊等，导致肌肉痉挛收缩，甚至颈项韧带玻璃样变、颈项韧带松弛，椎周软组织异常改变。

脊柱相关性疾病虽古已有之，但随着社会发展进程中人们工作和学习强度的增加、生活方式和习惯的改变，发病人数呈快速上升趋势，发病年龄呈逐渐下降状态，青少年发病已从无到有。

医学研究表明，脊柱的病变与衰老是人体患病与衰老的重要根源，脊柱相关疾病是危害人类健康的百病之首。对于已经发生的脊柱相关疾病进行诊断及治疗，是必要和有效的。中医学早在两千多年前就明确指出，五脏六腑的病变，通过经络传输于脊柱两侧的腧穴上，在这些特异穴位上进行针刺、指压、按揉，就能对五脏六腑进行诊断和治疗。这一理念一直应用于临床，至今已成为治疗脊椎相关疾病的重要手段。随着医学的进步与发展，治疗的手段也在不断提升和扩展。然而，诊断和治疗已病只是下策，保持人体健康让人体不生病才是上策。这就是《皇帝内经》所云“不治已病治未病”“正气存内、斜不可干”的理念。为此，国内外专家学者呼吁，人类要重视脊柱，保护脊柱，延缓其退变，防其衰老，这样才能预防和控制脊柱病变及脊柱相关疾病的发生。

令人高兴的是，随着经济文化生活水平的提高，人们追寻健康长寿的脚步从未停歇，医学模式也从“有病早治向无病早防”过渡，替代医疗手段的预防医学模式应运而生，众多体育健身项目如火如荼地在民间开展，养生太极功就是其中的一朵灿烂花朵。这套功法的养生、防病、延年益寿之功效，受到了广大健身爱好者的青睐。养生太极功属于中华武术的范畴，是在传统养生法“导引术”和“吐纳术”的基础上发展起来的独特健身运动。这套功法要意识、呼吸和动作密切结合，“始而意动，继而内动，再之外动”，是“练意、练气、练身”内外兼修的内功运动。长期习练养生太极功，能够提升机体正气，从而达到邪气不侵入人体的目的。下面就养生太极功中的导引功在预防、治疗、防复发脊柱相关性疾病方面的作用作一分析。

养生太极功导引功动作设计合理，简单易学。起势以意导气，聚精会神，放松身心。不仅使习练者有效进入功态，而且可缓解脊柱相关性疾病的内在发病因素（退变和精神因素）。臂颈导引、胸肩导引、腰胯导引、足膝导引，都是以脊柱为中心轴，充分拉伸颈脖、胸廓、腹腔部及四肢肌群，涉及肩周关节、胯关节、膝关节及踝关节，以至全身肌肉骨骼系统。长期修炼可保障脊柱节段生理功能，并能增强肌肉韧带弹性，改善组织气血循环，疏通十二正经及任督二脉，有效激发经络之气，不仅对脊柱相关性疾病起到预防、治疗、保健、防复发作用，而且有利于全身内脏系统的稳定与健康。笔者所见，许多长期系统习练这套功法的老者鹤发童颜、青者英姿飒爽，便是例证。

为顺应时代潮流，进一步推广这套功法，向老师不仅开展线上线下无偿教学模式，而且编撰《养生太极功》教程，对功法进行详细讲解和动作规范，让有心学习养生太极功的学员可以多渠道获取相关知识和习练方法。向老师呕心沥血、废寝忘食，将太极文化向老百姓推广，也为我们从医者探索实践预防医学打开了一条新的路径，最终受益的是大众，光大的是养生太极功。

作者简介

陈本国，副主任医师，荆门市康复医院副院长，中医临床双执业医师，中药执业药师。从事中医临床近20年。擅长颈肩腰腿疼痛诊治、常见内科病中医中药治疗和健康养生方案规划指导。曾主编《传统中医推拿与康复》《实用中医学理论与实践》等专业图书。

来自养生太极功习练者的感言

周保英

养生太极功在湖北荆门已经推行十六年之久，近几年又在北京朝阳、上海宝山和静安、福州、无锡、武汉推广。受《养生太极功》编审委员会的委托，我先后与多地正在习练养生太极功的习练者进行了联系，了解他们的习练情况。大家踊跃来信，畅所欲言；我也感同身受，有感而发，特将大家的感言汇集如下。

一、已病未病都见效

《黄帝内经·素问·四气调神大论》说："是故圣人不治已病，治未病；不治已乱，治未乱。"这里有两层含义：一为防患于未然，即未病而预防疾病；一为既病之后，防其传变，如扩散或并发其他疾病。养生太极功重视人体内部功能的保养与调节，虽动作简单，但效果显著。只要坚持习练，就能够起到未病先防、既病防变的作用。

许世英（女，62岁，一级社会体育指导员，中国武术四段，荆门市东宝区太极拳协会龙泉一站拳友）：

我特别喜欢养生太极功的导引功。它针对我们肢体的颈、肩、腰、膝等部位的关节及肌筋进行屈伸牵引，对相应经络和穴位进行刺激和调理，有效地养护了我们的身体。起先我的关节囊粘连严重，肩胛疼痛，手臂上抬受限。通过练习第二式胸肩导引，对肩胛做开合、环绕、提垂、反背等综合训练，有效刺激了肩周肌和肩周神经，消除了肩周韧带关节囊的粘连，缓解了肩周疼痛。

陈跃（女，63岁，二级社会体育指导员，北京市朝阳区退休职工）：

感谢周保英老师教我们学会了养生太极功。我对套路的每个式子都非常喜欢。每次练完后，感觉四肢舒展，脊柱伸拔，周身通透，精气神特别足。我尤其喜欢第一式。我的颈椎长期疼痛僵硬，并且头晕头痛，练习臂颈导引后，得到了明显缓解。

刘华（女，67岁，一级裁判员，荆门市东宝区太极拳协会龙泉一站拳友）：

我练习太极拳已经十多年了，可以说这么多年我始终坚持习练太极功，特别是第五式桩功。俗话说："百练不如一站"。站桩是我们练拳的基础，能起到强身健体的作用。我感受到站桩既能保养心神，又能锻炼形骸；既能健强脑力，锻炼神经末梢，增加反应灵敏度，又能增长体力。

闵芳（女，54岁，荆门市东宝区老年大学太极拳班学员）：

我此前苦于肩颈疼痛、血糖指标高等问题，经常夜不能寐，精神状态一直不好。在医生的建议下，我参加了东宝区老年大学太极拳班，接触到养生太极功。习练这套功法不到一年就收效明显，不仅丰富了我的退休生活，结识了一群良师益友，而且肩颈疼痛也得到极大缓解，再次体检时惊讶地发现血糖浓度指标由练功前的7.7mmol/L降到了4.6mmol/L。

王淑金（女，64岁，北京市朝阳区退休职工）：

我每天打拳必须先练养生太极功。这套功法活动全身关节、拉伸全身肌筋，直至四肢末梢，无一处不牵拉。不仅能够让你做到更大的关节活动度，而且让你的肌肉韧带组织在面对突如其来的剧烈运动时，能够有更好的弹性从容面对，减少身体受伤的可能性。这套功法对强身健体、预防老年人摔跤特别有用。

邓应征（女，67岁，荆门市东宝区太极拳协会龙泉一站拳友）：

我每天坚持习练养生太极功。除了练习全套外，还经常单练第一式臂颈导引。因为我的颈椎有问题，经常性的脖子僵硬、肩膀和脖子疼痛，转动困难，严重时还头晕、恶心。通过练习抱头侧压动作，颈肌有拉伸感；练习左右后瞧动作，脖颈肌肉有拧转感。每次做完后，肩颈部位的肌肉得到了放松，有效地缓解了肩颈的劳损，减轻了疼痛的折磨，提高了生命质量。

王丽芳（女，37岁，电网调控员，福州市连江县，新学员）

感谢赵军丽老师为我们上网课。学习养生太极功，对我非常有用。我们上班族缺乏运动，身体僵硬，刚开始仰个头都觉得困难，背手合脚，只能勉强十指屈勾，根本没法往上抬，后来通过习练养生太极功，感觉肩颈一天天地柔软了，肩周炎也有所缓解。

黄菊香（女，65岁，北京市朝阳区退休英语高级教师）：

我每天练完养生太极功后，全身发热，气血流动加速。特别是我在做第二式胸肩导引背手合脚的动作，挤压到了颈后的肩井穴和后背的膏肓穴，整条督脉都感觉热乎乎的，阳气好像瞬间被提出来了，那种感觉真好。

二、太极功夫上了身

坚持习练养生太极功，打起拳来就有和原来不一样的感觉。原来打拳，身体与四肢脱节，用的都是局部力和僵力；现在感觉是在以“脊柱行拳”，以腰胯带手脚，有了整劲。如通过桩功和腿功的练习，提高了腿部支撑力和平衡力，增强了中枢神经的调控力。回头打拳，在做静态控制动作如蹬脚时，就会展现出既稳健又轻松的姿态；在做动态支撑动作如摆莲时，就展现出手、眼、身、法、步协调紧凑、灵敏矫健的风采；在做蓄势发力动作如掩手肱捶时，就展现出既松活弹抖又劲力刚健的气势。我想这种感觉，应该就是太极功夫上了身。

赵琳（女，49岁，二级社会体育指导员，中国武术四段，荆门市东宝区太极拳协会龙泉一站拳友）：

俗话说：“人老腿先衰”。如果双腿无力，那平时的行动就多有不便，我通过学练养生太极功，尤其是第四式足膝导引功中压腿、深蹲、旋踝和颠足的训练，使腿、脚肌肉得到放松，韧带得到拉伸，膝、踝关节得以松活，腿部力量得到加强，为全身力量提供了源泉。现在我习拳时下盘更稳，迈步更轻，爆发力和弹跳力明显提升，身心特别愉悦。

马琳（女，50岁，二级社会体育指导员，中国武术四段，荆门市东宝区太极拳协会龙泉三站拳友）：

我刚学拳时，对太极功的训练不够重视，韧带、肌肉、骨关节僵硬，关节活动范围受限，韧带没有弹性，肌肉缺乏力量，造成手、眼、身法、步不协调，许多动作如独立蹬脚、穿掌下势等都做不到位。通过桩功、腰腿功的长期训练，在柔韧、耐力、速度、力量、反应等方面得到了有效提高。现在我做正压腿时，脚尖可挨着下颌；做侧压腿时，脚尖可挨着太阳穴，踢脚可过头顶；打拳时，做到了迈步轻灵，动作到位，呼吸平稳，面不改色，给人以心有余力的潇洒之感。

季安莲（女，68岁，荆门市东宝区太极拳协会龙泉一站拳友）：

我经常反复练习养生太极功第八式独立桩功，为什么呢？因为随着年龄的增大，常感到腿部无力，脚踝关节肌肉松弛，平衡能力特差，动不动就摔跤，打拳时站不稳。通过习练养生太极功后，最大的感受是腿部力量增加了，身体的协调性、平衡性和稳定性增强了，打起拳来下盘沉稳，再没有摔过跤了。

聂学松（男，68岁，屈家岭老年人体育协会副主席，太极拳友）：

三年前，屈家岭老人体育协会会长兼教练尹文老师就带着我们坚持每天习练养生太极功。她示范动作、讲解要点，引导我们入静、放松、运气和用意。从此，我们团队坚持做到打拳先练养生功。现在我们的太极功夫在多方面得到了提高。一是通过练习导引功中的腰胯导引，加强了对腰肌的锻炼与养护，塑就了立身中正的身形，把握了松腰运胯、身带四肢的规律。二是通过桩功的练习，增强了腿部力量和平衡能力，形成了稳固的身体构架和顺畅的劲力传导机制。三是通过腿功的练习，使两膝两胯更松活，腿部的力量和柔韧性都得到增强。由于功力见长，我们行拳走架时，腿立得直、举得高、蹲得低、走得轻，姿势美了，韵味足了，整个团队的实力大大提升。我们每天打拳，经常引来路人驻足观赏，在荆门市每年举办的相关大赛中，我们的代表队屡次斩获金奖、银奖！

赵军丽（女，45岁，中国武术四段，荆门市东宝区太极拳协会秘书长）：

我打拳只有四年时间，但从学拳的那一天

起，就同时习练养生太极功。除每天必练全套外，还单独练习桩功，这使我的太极功有了较快的提高。

站桩让我学会了快速入静。打拳时要让身、心都平静下来，进入一个安静的状态，不要去想任何事情。但我刚开始打拳时很难做到，脑海里总会有一些杂念浮现出来。后来练习桩功，运用“深息法”和“守一法”，很快就让自己平静下来了。现在无论是站桩还是打拳，只要太极拳音乐一起，便能快速让自己平静下来，进入状态。

站桩让我真正做到了松肩、松腰胯。起初打拳，肩和腰胯总是紧张。通过站桩，慢慢学会了用意念来放松肩胛、腰胯，并通过“松紧法”来体会松肩、松腰胯和耸肩、塌腰顶胯的区别。一段时间后，发现每次站桩即便站很久，肩颈、腰胯也没有僵力和紧张感了。每天晨练打拳时，也保持这种放松的状态，一套拳打下来，虽然会出汗，但感觉全身都很轻松。

站桩让我的腿部力量大大增强。我刚学拳时因腿部力量不足，时常打完一套拳后，就会觉得腰酸、膝盖不舒服。后来通过坚持站桩，腿部力量得以提升，加上领会了行拳中要放松的要领，腰酸膝疼的情况就慢慢消失了，拳架也在不知不觉中低下来。

站桩练就了我的太极身型。打太极拳要做到虚领顶劲、沉肩坠肘、立身中正等。起初我很少注意自己的身型，后来才发现有脖子前倾、弯腰驼背等毛病。于是我每次站桩时，都会按照“三线摆型”的要求，对照镜子调整身型。通过一段时间的练习，每次站桩就很自然地摆好身架，半小时站下来一直都能保持规范状态。练功能让我身型定型，行拳的美感也就随之出来了。

三、功夫不负有心人

练功要做“有心人”，才能功夫上身，这是习练人的深刻体会。那么，什么人才称得上是“有心人”呢？一是要持之以恒，做到打拳先练功，天天都练功；二是要用心体悟要点，把动作做到位，做规范；三是要用心体悟心法，做到松静意气，内外兼修。

黄中美（女，66岁，二级社会体育指导员，荆门市东宝区太极拳协会龙泉一站拳友）：

养生太极功是我每天必练的功法，并且坚持练习十多年了。因为我觉得对打拳的人来说，若是不练功，是练不出内功的；若是三天打鱼，两天晒网，功夫是上不了身的。太极拳套路只是框架，套路不难练，难练的是功力，需要持之以恒，所以我一直坚持习练养生太极功，尤其是桩功，练习桩功能够在静止状态中实现中和阴阳、疏通经络、调和气血。我通过练功，增强了周身尤其是腿部力量和柔韧性，腰胯的运用更加灵活，内劲和爆发力有明显提升。

田华英（女，70岁，一级社会体育指导员，中国武术六段，荆门市东宝区太极拳协会副会长）：

养生太极功招式灵活，简单易学，但要做好并不简单。我不仅坚持习练十多年，而且在每次习练时，首先让自己静下来、松下来；然后认真做好每一式，做到练明白功，长真功夫。我现在虽然有七十岁，但行拳时仍能做到松腰松胯，含胸拔背，气沉丹田；做到根在脚，发于腿，主宰于腰，形于手指，基本具备了节节贯穿的内劲和整劲。

唐文杰（女，57岁，荆门市东宝区老年大学太极班新学员）：

我有幸接触养生太极功，有一点体会特别深刻，那就是认真按老师要求做，刚开始往往相应部位酸胀甚至疼痛，但只要坚持练下去，慢慢就不酸不疼了。如背手合胛这个动作要在后背扣手往上抬，在日常生活中是不会做这个动作的，刚开始练习时，我胳膊酸胀了好几天，说明这个部位有粘连，又一直没有得到锻炼。经过一段时间的练习，肩胛不疼了，手臂摆动也轻松了。

张俊芳（女，35岁，武汉房产经纪人，新学员）：

我学练养生太极功只有几个月。刚开始对着视频学练，感觉好像很容易。后来听了老师的细心讲解，才知道动作虽然简单，但内涵丰富，要明白动作的规范要求，把动作做到位，才会有好的效果。从这以后，我就在“用心”二字上下功夫了。在做动作时，有时会出现动作不顺畅、身体有的部位痛、气上不来、站桩坚持不住等现象。我就想啊，这就是告诉我有的地方做得有问题，应该纠正；有的地方虽然做得对，但是因为过去没有锻炼到这些部位，所以要坚持练，要多练。这样坚持下来，上面说的问题都逐步解决了，每次练完功，感觉周身都舒服了。

刘珠清（女，41岁，福建省厦门市新学员）：

这次有机会跟着赵军丽老师学习养生太极功，发现看似简单的动作，想做到位却并不容易。对我来说最难的是站桩，最需要锻炼的也是腿部力量。我小时候膝盖受过伤，导致腿部力量不足。刚开始练功，感觉蹲不下去，非常吃力，现在我做到两点：一是坚持每天练习，除练习全套外，还单独站上几分钟的桩；二是按照老师讲的要点用心去练，如桩功要按“后脑勺、背脊、脚跟三点成垂直线”等要点进行练习，慢慢感觉动作和气息就顺畅了，腿部也有了力量，跟着口令做完一整套动作也不吃力了。

储沪生（男，67岁，北京市朝阳区高级教师）：

练养生太极功时，我很注意调和气息，做到抛弃杂念，放松身心，让经络通畅，气血得以充足，同时在练功中聆听自己的内心，烦恼、杂念以及坏情绪自然也就消失了。非常美妙！

四、新手老手都要练

太极功是太极拳的基础，如若将太极拳比作大厦，太极功则是地基；如若打拳不练功，打的不过是花拳绣腿。对老手而言，功力须积累，不进则后退；想要不断提高太极拳技艺，就要不间断地坚持练功。对于新手来说，入门就练功，才能不走弯路，甚至后来居上。我们东宝区太极拳协会把养生太极功当做太极品牌来打造，作为各站点教学的必修课程来安排；许多站点尤其是龙泉一站做到了新手、老手每天坚持统一练习。

刘先玉（女，62岁，二级社会体育指导员，荆门市东宝区太极拳协会龙泉一站拳友）：

我在龙泉站打拳十多年了。过去我觉得每天早上花十多分钟做太极功，好像占用了打拳的时间，没有必要。现在我觉得养生太极功是必练之功，并且坚持天天练，如有一次不练，打起拳来一点感觉都没有，全身僵硬。对于养生太极功，不光我们这些长期习练的人应该坚持，新手也都应该从这里入门。从我们站新学员班来看，凡是基本功练习好的学员，练拳时的动作、身型、步伐都比较正常。我认为给新学员安排课程，应该先教太极功，再授太极拳。总之，太极功练习，对老学员可提高拳技，强身健体；对新学员可加速入门，不走弯路。

信建枝（女，44岁，荆门市东宝区太极拳协会廉政广场站新拳友）：

我报名参加东宝区老年大学太极拳班为的是学习太极拳，但第一课却是养生太极功。老师说这是太极拳的基础课也是入门必修课。现在我每天练习养生太极功。通过练功，我的每个关节得以舒展，肌肉得到拉伸，十几分钟下来，身轻气爽，非常痛快，练功锻炼了我的肢体协调能力和柔韧性。后来学起拳来，也感觉非常轻松。

严耀良（男，52岁，中国武术四段，上海精武体育总会武医养融合发展研究会副会长）

我打拳十多年了，刚开始因为年轻进步很大，但后来却有点原地踏步。正当我探寻如何提高自己太极拳的途径时，接触到了养生太极功，经过一段时间的练习，感觉这套功法非常系统，非常有利于全面提高太极拳技艺。我打算长期练习下去。

张静芳（女，46岁，无锡市锡山区某公司后勤，新学员）：

我是一个新学员。在学了养生太极导引功全套后，每天基本做三遍，第一遍时感觉有点紧，后面两遍时就轻松许多，整套下来，从头到脚一一拉伸、放松，全身感觉热乎乎的，各个关节也舒展许多。最大的感受就是，身心要放松，精力要集中，动作要舒缓。有时会不知不觉闭着双眼练，大脑与手脚合着音乐节拍缓缓动作，那真是一种享受，感觉很棒。练习不到一个月，身体的柔韧性就有了提高，精气神也有了很大改变。

五、不同人群都适宜

养生太极功对人不设限，对地不设限，对时不设限，即人人可以练，时时可以练，处处可以练，健康、亚健康都可以练。一人练，一人强；一家练，一家强。

张冬（女，47岁，软件工程师，中国武术二段，上海宝信软件太极拳协会会长）：

感谢向正新老师现场讲授养生太极导引功。这套功法易学易练，非常适合我们办公室一族。大家坚持习练后有效缓解了颈椎腰椎问题，改善了亚健康状态。我们计划进一步推广这套功法，助力宝信员工健康再上新台阶。

张弘平（女，50岁，软件工程师，中国武术二段，上海宝信软件太极拳协会拳友）：

我是一个每天用电脑超过八小时的软件工作者。我发现，我和我的部分同事们，都有点或轻或重的弓腰驼背、脖颈前倾问题。我自己的情况应该是属于比较严重的。我早年就有颈椎骨质增生的问题，近年腰椎也开始有不适的感觉。自从接触了养生太极功，我发现对我这样长时间面对屏幕、缺少锻炼、身体素质不够好的人来说非常有针对性，尤其是前三式。刚开始时，可能是因为身体长期处在缺乏锻炼的状态中，即使是简简单单的几个动作，做起来也相当吃力，不是脖子胀就是胳膊酸，腰也弯不下去，腿也没力气。但是只要坚持每天操练，慢慢地做起来就感觉越来越轻松了，颈部、肩部、腰部紧绷的肌肉，也渐渐放松下来，每次做完都觉得全身舒泰。

王国英（女，64岁，北京市朝阳区太极拳友）：

养生太极功是为我们这些以健身养生为宗旨的太极拳友们精心创编的，特别适合在公园集体操练。我练习了养生太极功后，最大的感受是练完后身体特别轻松，感觉伸筋拔骨，拉长了四肢，松开了筋骨的关节，气血更加和顺了。这功法让我们打拳更加得心应手了。

汤文珠（女，61岁，中国武术三段，上海市虹口区乐缘太极队拳友）：

养生太极功真是好，既适合团体习练，也可个人习练，并且不限场地，在家里也可习练。新冠疫情期间，我和老公足不出户，就在家中学练了这套功法。刚开始时，觉得手、脚、腰、背有些酸胀，身上微微出汗；但做着做着，就觉得浑身舒展，越做越想做了。通过几个月的习练，身体各部分机能得到了锻炼，几十年的颈椎病有了好转，活动也自如多了；原来膝关节疼痛得难以迈步，上下楼梯都困难，现在已能弓步、下蹲了；我老公原来腰肌劳损，经常腰酸背痛直不起来，现在不仅能弯腰，而且双手手指可弯腰碰地呢！

叶玉新（男，75岁，荆门市东宝区老年大学太极拳班学员）：

我和我的老伴2021年9月才开始学练太极拳，刚开始只是想比划比划动作，活动活动身体，可老师说“70后”也应该学练养生太极功。老师的话给了我们以信心，现在已经坚持习练两年多了，时间虽不长，但却有明显的功效：一是腿更有力了，能做金鸡独立的动作；二是心脏毛病有了很好的改善；三是失眠的症状也消除了。现在我们的精神好多了。

钱艳红（女，45岁，无锡市锡山区新学员）：

因为我每天练习瑜伽，所以刚开始学练养生太极导引功仅是当成一种任务，渐渐地我体会到了它的妙处。比如做第一式左右后瞧时，肩部有明显的拉伸感；做俯仰式时腰背特

别舒服，当节奏掌握好时感觉非常开心；做马步桩功时需要用意念放松，这时候自己会特别的安静。以后我要坚持瑜伽、导引功两不误。

王丰（男，40岁，荆门市东宝区太极拳协会龙泉三站太极拳友）：

养生太极功是一项很好的热身、健身、养生运动，不仅适用武术太极拳，而且适用舞蹈、户外跑步、球类等多项运动前的热身和运动后的松身，不论团体还是个人锻炼都适用，对不同年龄段也都适用。

作者简介

周保英，女，62岁，一级社会体育指导员，中国武术四段，荆门市东宝区太极拳（健身气功）协会常务副会长。

作者简介

向正新，男，汉族，1948年10月生。中国武术六段，国家级社会体育指导员，国家一级武术裁判员，杨式太极拳大师赵幼斌弟子。曾任荆门市老年人体育协会常务副主席、荆门市太极拳协会常务副会长。现任荆门市东宝区太极拳（健身气功）协会总教练。专修太极拳30多年，在拳技和拳理上有较深的造诣。先后在湖北荆门和上海静安、宝山等地传授太极拳，培养了大批优秀的爱好者和教练员。同时带领团队创编了养生太极功、养生太极拳和养生太极剑，并编著教程出版，为东宝区打造全民健身运动品牌作出了贡献。为此，多次荣获各级主管部门的表彰。2017年被评为全国群众体育先进个人，并受到习近平总书记的集体接见。

动作演示人简介

赵军丽，女，1977年11月生，汉族。中国武术四段，二级社会体育指导员。曾获湖北省第十六届运动会群众体育类健身气功比赛金牌。